浙江师范大学自设课题"新时代乡村振兴的理论
（2019ZS02）子课题"基于绿色经济理论的乡
（2019ZS0202）最终成果
国家社科基金项目"精准脱贫后中国农村相对贫困识别机制构建与后扶贫
究"（18BJY163）阶段性成果

经管文库·经济类

前沿·学术·经典

乡村生态资源经济价值开发路径研究

RESEARCH ON THE DEVELOPMENT PATH OF ECONOMIC VALUE OF RURAL ECOLOGICAL RESOURCES

葛深渭　刘志强　著

经济管理出版社

ECONOMY & MANAGEMENT PUBLISHING HOUSE

图书在版编目（CIP）数据

乡村生态资源经济价值开发路径研究/葛深渭，刘志强著 . —北京：经济管理出版社，2023.5

ISBN 978-7-5096-9182-3

Ⅰ.①乡…　Ⅱ.①葛…②刘…　Ⅲ.①乡村—生态环境建设—研究—中国　Ⅳ.①F320.3

中国国家版本馆 CIP 数据核字（2023）第 158683 号

组稿编辑：杨国强
责任编辑：杨国强
责任印制：黄章平
责任校对：王淑卿

出版发行：经济管理出版社
　　　　　（北京市海淀区北蜂窝 8 号中雅大厦 A 座 11 层　　100038）
网　　　址：www.E-mp.com.cn
电　　　话：（010）51915602
印　　　刷：唐山玺诚印务有限公司
经　　　销：新华书店
开　　　本：720mm×1000mm/16
印　　　张：13.5
字　　　数：206 千字
版　　　次：2023 年 5 月第 1 版　　2023 年 5 月第 1 次印刷
书　　　号：ISBN 978-7-5096-9182-3
定　　　价：98.00 元

目　录

第一章 绪论

第一节 研究背景

一、乡村生态振兴成为国家战略的重要内容

2017 年 10 月 18 日召开的中国共产党第十九次全国代表大会报告中提出实施乡村振兴战略，乡村振兴战略是今后解决"三农"问题、全面激活农村新活力的重大行动，随后的中央一号文件对乡村振兴战略作出总体部署。2018 年，中共中央、国务院通过了《乡村振兴战略规划（2018—2022 年）》。2021 年，第十三届全国人大常委会第二十八次会议通过了《中华人民共和国乡村振兴促进法》，上述一系列政策、文件和法规详细阐述了乡村振兴战略的具体内容——"产业兴旺、生态宜居、乡风文明、治理有效、生活富裕"，由此"建设生态宜居社会，做好乡村生态的全面振兴"成为国家战略的核心内容。

二、共同富裕提上中国特色社会主义建设日程

共同富裕是邓小平建设中国特色社会主义理论的重要内容，但共同富裕不是同时富裕。改革开放以来，在中国共产党的领导下，中国政府和人民一直在探索共同富裕的道路上努力前行。经过40余年的努力，中国经济社会发展进入了一个全新的时期，截至2020年底，中国已经实现了全面脱贫，人民生活水平得到了质的改变，国家实力全面提升。但是，收入差距逐渐显现，并有继续扩大的趋势，这种状态不符合社会主义的本质要求，也不符合中国革命的初衷。因此，中国共产党第二十次全国代表大会报告明确把实现"共同富裕"作为中国式现代化的本质要求之一。而共同富裕的关键是广大农村的发展、农民的富裕，农村与农民的富裕需要大力开发乡村资源存量，就目前情况来看，中国广大乡村最大、最雄厚的存量资源就是乡村生态资源。

三、中国社会寻求高质量方向发展

党的十九大报告指出，中国经济已经全面转向高质量发展时期。党的二十大报告进一步强化这一观点的正确性与重要性，明确指出"高质量发展是全面建设社会主义现代化国家的首要任务"。高质量发展强调经济效益、社会效益和生态效益有机结合，体现的是人与经济社会相互协调的包容性的增长过程。在追求高质量发展中，生态文明建设是"千年大计"，可持续发展是经济建设的根本目标。衡量经济发展要追求多方面的协调共生。高质量发展的本质内涵包括经济发展的高质量、改革开放的高质量、城乡发展的高质量、生态环境的高质量、人民生活的高质量等。其中，生态环境的高质量要求人类在利用和改造自然以保障自身生存与发展的同时，尽量减少对生态的破坏和对环境的污染。生态环境质量的好坏是"关系党的使命宗旨的重大政治问题"，供给程度、供给效率、供给质量在很大程度上关系到中国经济能否实现高质量发展、民众生活的幸福程度以及中国的可持续发展。当前，应健全生态产品供给的法

律与政策，完善生态资源保护与利用的法律法规，进而提升生态产品的供给效率，改善生态环境，加快生态文明建设步伐，才能最终实现中国经济社会的高质量发展目标。

四、中国社会主要矛盾转向

改革开放以来，中国社会各个方面都得到了快速发展，社会生产能力在很多方面取得了质的飞跃，中国社会的主要矛盾已经由人民日益增长的物质文化需要同落后的社会生产之间的矛盾逐渐转变为人民日益增长的美好生活需要和不平衡不充分的发展之间的矛盾。美好生活的需要必须以生态需要为前提和基础，生态需要是人类生存与发展的最基本需要。人类对自然的依赖性使得人类的生存与发展必然建立在对自然资源的获取和满足上，同时，生态需要是人类生存与发展基本需要得到满足基础之上的更高级的需要，是对人类愉悦性和舒适性追求的重要来源，相比人类的其他精神需要而言，生态需要归属于人类更高层次的发展性需要。做好生态环境保护、生态环境治理与改善等生态建设目标同属于中国国民基本公共服务建设的基本范畴。提供优质生态产品的数量与质量，是中国人民迫切需求的集中反映，是中国建设生态文明的核心体现。经过几年的努力，中国生态文明建设取得了大量成果，但优质的生态产品供给仍然不能满足人民的需要。因此，大力生产优质生态产品，提高供给能力，并遵循自然规律，注重生态环境的自我修复力，才能真正满足人民对良好生态环境的需求，保障民生福祉，完美解决中国当前的社会主要矛盾，从而实现社会经济的可持续发展。

五、完成"双碳"目标和国际承诺

中国共产党的二十大报告明确指出，"推动绿色发展，促进人与自然和谐共生"是新时代新征程中国共产党的使命任务之一。为了进一步解决气候环境恶化问题，建设生态文明社会，推进绿色生活与绿色发展方式，2014年，中国在《中美气候变化联合宣言》中首次提出2023年实现碳达峰的计划；

2020 年，联合国大会上，习近平同志代表中国再次向全球各国承诺力争在 2030 年实现碳达峰、在 2060 年实现碳中和目标。由此"双碳"目标成为中国当前和今后一个时期绿色低碳发展及生态文明建设的重要使命和任务。毫无疑问，实现"双碳"目标是一项艰巨的挑战，涉及不同领域和诸多层面，因此必须秉承绿色发展理念，加快实现生活方式向绿色化变革，做好源头防治，强调源头管理与控制，全面落实污染防治措施，转变传统资源依赖理念，坚持"两山"的观念，遵循法律、政策规定，科学控制高污染项目的建设，走绿色、环保和可持续发展的现代化道路。生态产品的供给必须遵循有利于生态环境保护、能在一定程度上改善生态环境、促进二氧化碳的吸收和利用的原则，力争在实现"双碳"目标、改善生态环境方面，起到正向调节作用。因此，在实行社会主义生态文明建设中，必须探索多元化的生态产品价值实现模式，以实现"双碳"目标的国际承诺。

六、生态文明建设成为普遍共识

改革开放以来，中国经济保持 40 余年的持续高速发展，取得了极其巨大的成就，但在发展过程中是以牺牲资源和环境为代价的。在此背景下，中国政府认识到这种趋势的不可持续性，明确提出了可持续发展战略，将生态文明建设作为促进中国经济与环境协调发展的重要切入点，充分关注生态资源的资本化，其实质上是构建"绿水青山"转化为"金山银山"的路径。在中国共产党第十九次全国大会上明确提出了建设生态文明是中华民族永续发展的千年大计，为此全中国都必须践行"绿水青山就是金山银山"的发展理念，将生态文明建设理念内化到市场经济的运行体系中，通过生态资源资本化，实现形式的创新，达到生态资源要素保值增值的目标，重构生态文明建设的强大经济基础，达到经济绿色发展、人与自然的和谐共生。党的十九大以来，经过全国人民的共同努力，生态文明建设已经形成基本的全民共识，是推进中国沿着生态文明建设之路发展的强大动力来源。

第二节　相关研究回顾

一、生态振兴相关研究

（一）国外相关研究

根据目前掌握的文献资料，国外很少有直接关于乡村生态振兴方面的研究。从可查资料得到的情况看，美国政府在 20 世纪 70 年代曾经推进过所谓"生态村"建设项目，主要目的是在最大限度保留千百年来已经形成的自然生态环境的基础上，通过设计规划，努力把乡村等建设因素融入到自然环境中，把自然美、乡村之魅力、空间的广阔之气韵等因素相结合，创造出溢价附加值，从而达到触发城市居民回归乡村的心理意愿（沈费伟、刘祖云，2017）。20 世纪 90 年代，日本政府在推进日本国乡村产业融合过程中，出台过鼓励企业进乡村与农民主动合作，以达到扩大农村产业规模化和经营范围扩大化，充分挖掘日本当地农业生态资源价值，开发具有当地地域特色的农副产品，制定农业产业链及其价值链延伸的相关政策。在这些支农政策的促进下，日本农户的收入大幅度提高，也促进了农工商紧密关系的形成，产业融合发展的成效显著（高强、赵海，2015）。国外对于农村生态振兴的相关研究主要是从农村生态系统重要性的认识展开，农村作为食品和原材料的供应地，农村人居环境与生态环境的破坏将对公共卫生、食品安全产生影响。在很长一段时间内，经济学家过多地关注经济增长会带来更多的社会福利，促进人民生活水平的提高，却忽视了自然资源有限性和不可再生性。在经济增长过程中产生的严重的生态问题，直到 20 世纪 80 年代才逐渐获得经济学家和政策制定者的重视。在此背景下，生态学和社会学学者认为，改善生态环境、修复农村生态系统必须要先改变人们对生态环境的认识，使农村居民有了解和欣赏健康环境的价值观，并且围绕此问题探讨了有效沟通以及社会经济和文化环境影响农村居民对生态系统管理的态度。对改善和修复生态环境也进行了一些探索，包括对农村生态系统变化的评估和监测，将生态系统服务的生产和管理，与食品和纤维的生产相结合，利用科学技术创新改善生态系统，使生态系统功能能够与粮食生产以及农村生计平衡。从经济学角度来看，有学者认为，应强化生态支付，以绩效换取生态保护目标，但在促进生态系统服务生产的计划时，不应限制农民选择提供生态系统服务的方式。一部分学者通过分析生态系统服务的供需关系明晰了城市和乡村的新型契约关系，认为在这样的关系中，农村地区将有更多的就业机会和更多的收入，城市将受益于恢复的环境提供的农村产品和生态系统服务的可持续供应。明确生态系统服务的供给，需要重新考虑制度设计和产权问题，以及作为生态系统服务载体的土地的管理等问题。

（二）国内相关研究

国内关于乡村生态振兴的研究起步于 2013 年前后，2018 年开始有大量研究文章出现，但相关研究可以追溯到 20 世纪 80 年代前后，研究进展大致分成三个阶段：

第一阶段（2007 年以前），关注生态环境与乡村经济发展。这一阶段的研究主要围绕三个方面阐述生态环境与乡村经济发展的关系。一是通过保护和改善生态环境，达到乡村经济发展。具体观点包括：保持生态平衡、保护生态环境可以促进经济增长（蒋映光等，1983）；通过改善生态环境、搞好生态建设以达到区域（乡村）经济增长（朱显谟等，1982；姜海燕，2004）。二是探讨了发展各类生态产业——农业、林业、草畜牧产业、水产养殖、乡村与农业旅游等（袁克忠等，1986；陈旭秀等，1996；许鹏，2002；徐淑梅等，2006；柳富荣等，2007）与乡村经济发展关系。三是提出尝试生态县建设设想，内容涉及指导思想、基本原则、基本模式、战略目标和考核指标体系（刘孝等，1997）。

第二阶段（2008～2012 年），主要关注生态文明与经济发展的关系。这一阶段主要是围绕生态文明建设与区域经济发展的研究。关于生态文明建设与区域经济发展的关系研究可追溯到 2005 年，戴铁军、陆钟武（2005）探讨了东北老工业基地振兴中与生态文明建设的促进关系。2007 年以后，大量学者参与探讨，逐渐形成了一些共识。一是生态文明建设可以助推区域经济振兴（王新等，2008；张瑾燕，2009）。二是建设生态文明可以实现经济全面振兴（曹征海，2008）。三是阐述了生态文明、人文精神与振兴中华的相互促进关系（陈志尚，2010）。还有学者进一步阐述了生态文明与儒家德性精神振兴的内在关系（方德志，2014）。

第三阶段（2013 年至今），从生态文明转向生态振兴的研究。2013 年，由于国家发展战略的调整，学术界逐渐开始并加强了对乡村生态振兴方面的专门研究，特别是在 2018 年、2019 年进入研究热潮，研究者从各个层面探讨了乡村生态振兴的相关内容，并形成一些研究共识。

1. 乡村生态振兴的内涵、理论支撑与时代意义研究

（1）生态振兴的内涵。生态振兴的内涵研究可追溯到对生态文明的探讨过程。最早对生态振兴解释为新时期的生态文明建设不是传统环境保护就污染解决污染的还原论思维，而是"环境为体、经济为用、生态为纲、文化为常"的整体论思维（王如松，2013）。此后，经过学者们的不断探讨逐渐形成共识，农村生态振兴主要是针对乡村存在的生态问题——生态破坏问题、浪费资源问题、污染环境问题、农村村庄衰减和增多各类疾患问题等（黄国勤，2019）而提出的生态文明建设总目标和具体目标。其中，总目标可以简单概括为"三个确保"：一是确保农村生态环境质量优、景观美；二是确保农产品优质、安全、健康、营养；三是确保农民人居环境洁净、健康。具体目标包括：一是提升农村生态环境系统健康水平；二是提升农业生产环境系统健康水平；三是提升农民人居环境系统健康水平（于法稳，2019）。也有学者认为，乡村生态振兴的具体内容包括三个方面：一是必须大力推进绿色农业的发展；二是

农村人居环境必须得到持续改善；三是乡村生态必须得到持续加强和认真修复。同时，应该认识到三大方面是相互联系、互相制约的有机统一体，其中，农业的绿色发展是农村发展的经济基础，人居环境的持续改善是农民对于乡村振兴的迫切需求，农村生态的持续保护和及时修复是未来乡村振兴的最根本的计划和战略（朱斌斌等，2019）。

（2）关于生态振兴的理论支撑。这方面的研究，学者们主要归结为三个方面：马克思生态文明思想中关于"自然界的优先地位"的科学论断、人与自然和谐统一理论，以及习近平生态文明思想（高红贵、赵路等，2019）。

（3）乡村生态振兴的意义。主要在四个方面获得共识：生态振兴是构成乡村振兴的最重要的内容；生态振兴是乡村振兴的重要基础；生态振兴是乡村振兴的有力抓手；生态振兴是乡村振兴的保证（黄国勤，2019；董向东，2019）。任志芬等（2018）认为，生态振兴是实施乡村振兴战略的关键，是乡村振兴的支撑点。

2. 乡村生态振兴的实现路径与机制的理论探索

部分学者从理论上探索乡村生态振兴的实现路径与机制，提出各自的观点。

（1）保护、治理与规划观点。于法稳（2019）认为，推进乡村生态振兴必须加强农村生态系统保护、加强农业生产系统污染治理、实施农民人居环境整治三年行动。黄国勤（2019）认为，乡村生态振兴必须在遵循村民主体原则、"三效"并举原则、综合施策原则、因地制宜原则和久久为功原则的前提下，通过制定生态规划、提高生态意识、增长生态知识、提升生态素质、弘扬生态文化、完善生态法规、强化生态治理、加强生态保护、搞生态建设、开展生态交流、重视生态科研、培养生态人才而完成。

（2）改革观点。董向东（2019）认为，乡村生态振兴的基本思路是：倡导绿色发展理念—转变发展方式—创建资源节约型、环境友好型社会—实现人与自然和谐共生，为此需要把能够调动的整个社会的各种力量调动起来，把产业结构、生活方式、生产流程进行重新规划和设计，激发各个方面的内生动能，尽力处理好如近长期关系、供求关系、城乡关系、政商关系、发展与生态等各种社会关系，逐步养成有利于环境优化和资源节约的良好习惯。任志芬（2018）认为，生态振兴的路径分为四步：推进农业供给侧改革，优化农村产业结构；建设美丽乡村，打造绿色宜居村镇；增强村民和乡村管理者的生态责任，积极主动构建有利于环境治理的各种管理机制各种运行体系；加强宣传教育，提高农民生态环保意识。

（3）空间重构观点。龙花楼、屠爽爽（2018）认为，重新构造乡村生态空间是实现生态振兴的有效路径。在重构乡村生态空间的过程中，必须遵循两大原理：一是自然生态规律；二是景观生态学原理。在宏观上，要重视乡村生态网络和基础设施建设的绿色化要求；在微观上，要注意提升生态环境质量和多元化景观的结合，关注土地生产力、生态景观的服务能力、生存环境的碳汇能力等。只有这样，才能最终从宏观和微观上，真正达到修复和维护生态过程、稳定和建立生物链的目标，重新构造乡村完整的生态空间布局，从而提升乡村生态服务功能，提高乡村生态系统的弹性效果。农村生态空间重建具体操作过程如图 1-1 所示。

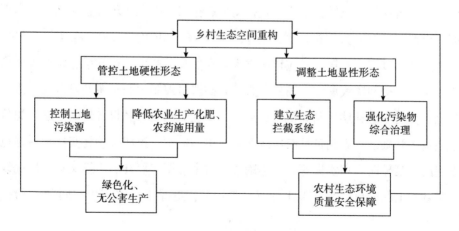

图 1-1　农村生态空间重构流程

3. 乡村生态振兴的实现路径与机制的实践总结研究

部分研究者从各地实践成果研究出发，总结生态振兴的实现路径与机制。

（1）顶层设计观点。赖铭光、朱晨暄（2019）通过对漳州平和县乡镇的实地调查分析，得出生态振兴路径：政府层面做好顶层设计；技术层面开展农业科技创新；产业层面构建现代产业新范式；农民层面培育农民生态意识，并将这些层面统一起来，形成推动乡村振兴的合力。户亮琼等（2019）通过对湘西乡村的调查，得出产业振兴必须与生态振兴进行协同推进才能取得更好的效果，由此建议地方政府：第一，做好土地承包制度存在的制度缺陷进行修正，完善相关法规；第二，形成约束地方政府依法办事的监督机制，坚决维护农民土地承包合法权益；第三，做好产业集群的规划统筹工作，旨在把企业的创新方式导向高效益、高规模模式；第四，从各地乡村特色实际出发，全力打造宜居生态的新型农村社区；第五，组建优秀的技术人才队伍，将产业规模化生产落到实处；第六，加大关于乡村振兴，特别是乡村生态振兴策略的宣传力度，深入开展乡村居民思想提升宣讲活动。

（2）严格整治观点。张厚美（2018）通过对浙江和广西乡村生态振兴的考察，认为实施乡村生态振兴，必须坚决打好农村人居环境整治第一仗。实施乡村生态振兴，最关键的是建立基于产业生态化发展和生态产业化发展为核心的生态经济体系，以绿色生产方式推动生态振兴，以人居环境整治推动生态振兴，以严格管控来大力推动生态振兴。严立冬（2019）认为，在实施乡村生态振兴战略过程中：第一，应该确立人与自然和谐共生的科学思想，努力做到坚守生态保护的底线思维；第二，必须做到严格控制生态资源开发范围，进一步完善乡村生态补偿体制和机制；第三，要在明确测算乡村各地的生态资源价值数量的基础上，做到良性有序运营乡村生态资本；第四，始终坚持乡村绿色发展的政策导向，切实做好、做实围绕乡村生态振兴展开的六篇文章，即底线思维基础上的绿色引领，聚焦细节除脏治乱，造绿添彩"三生空间"①，管控

---

① "三生空间"是指生产空间、生活空间和生态空间的简称。

保护美化生态，"三微联动"① 产生融合，生态责任法规保障。

（3）政府主导民间协助观点。郭晓（2019）以贵州乡村为研究对象，分析了贵州乡村面临的主要生态问题，发现导致乡村生态问题产生的因素涉及地方政府、企业及乡村居民，由此推导出贵州乡村生态振兴的实施路径是：政府发挥其主导作用，地方企业必须承担应有的保护生态的社会责任，提高村民的生态意识。

4. 关于制约乡村生态振兴的主要因素与相关建议对策的探索

（1）制约乡村生态振兴实现的主要因素。关于制约乡村生态振兴的主要因素的研究，部分学者从内外因进行了分析。他们认为，从内因方面看，主要有两个方面的问题：一是农村生态系统承载能力与乡村经济社会发展带来的废弃物数量不匹配；二是乡村原有的生态系统自我调节功能因为各种原因受到巨大冲击。从外因方面看，主要有三个方面的问题：一是既有的工业文明发展理念与发展逻辑对农村发展路径及模式选择产生了深刻影响；二是随着城镇化的快速推进，以及由此带来的外出务工人员在积累了资金和经验后大范围返乡创业造成的生态破坏；三是某些地区还存在着大量城市污染物违规或偷偷向乡村地区转移、排放等问题（刘志博，2018）。更多的学者从实际出发进行概括。张文明等（2019）认为，乡村发展受资源约束、资源环境管理体制不健全和农业环境污染三个方面的影响。徐义流（2018）从农业发展方式、农业污染、生活废弃物污染和污染治理等方面概括制约因素。宋洪远等（2016）将生态振兴的制约因素归结为耕地质量、水资源品质和数量、污染物的转运与移动情况、农业生产过程中使用的化学物品的增加、农业生产所产生的排放物、农村日常生活产生的排放物、乡村农民可能发生的健康风险七大类。有学者认为，乡村生态振兴制约因素应该包括农民观念里生态意识的淡薄、农村产业的无序发展状态、相对薄弱的乡村环境自我保护能力设施建设等

---

① 三微联动是指微建议、微协商、微监督。

（高吉喜等，2018）。

（2）关于乡村生态振兴的对策方面的研究。第一，绿色发展对策。实施绿色制造和绿色消费，尝试以生态农业发展为抓手，大力推动绿色产业（廖智慧等，2017；张文明等，2019）。调整乡村产业结构，走一条使农村第一、第二、第三产业和谐融合的绿色化发展之路；转变乡村发展方式，走向生产、生活消费绿色化发展；改善环境，着力解决乡村"面子"问题；品牌强农，提升农业供给质量（董向东，2019）。立足生态抓发展，加快生态与旅游、生态与康养、生态与文化产业开发，突出融合发展，推行绿色生产方式和生活方式，优化人居生态环境（高红贵、赵路，2019）。第二，建设、规划与管理对策。充分发挥政府的主导作用，优化资源管理体系（廖智慧等，2017；张文明等，2019）。通过制定乡村科学发展规划，逐渐形成科学合理的未来乡村空间生态化布局；文化挖掘，实现传统与现代的融合（董向东，2019）。开展乡村生态制度建设，乡村生态设施建设，乡村生态行为建设，乡村生态文化建设（刘志博等，2018）。第三，科技创新对策。加强乡村生态振兴科技创新，坚持问题导向，聚集创新资源，改革科研项目管理机制，加强乡村生态振兴科技成果转化，探索转化途径，建立科技成果转化有效机制（徐义流，2018）。第四，金融对策。刘欣等（2019）从北京生态涵养区乡村振兴战略实施研究出发，提出乡村生态振兴的对策：①生态补偿政策（公共财政为主的生态补偿资金政策、受益者付费原则的生态效益补偿资金；②建立多元化生态资本市场融资机制（包括国家债务筹资、社会公益性捐助、发行生态彩票与"民建公买"等）；③建立森林生态服务市场交易筹资机制（包括排污权交易市场、水权交易市场、碳汇交易市场和开发权交易市场等）。

5. 建立乡村生态振兴的长效机制探索

生态振兴面临的最大困境是资金来源的阶段性、主导力量的单一性和政策法规的过渡性，由此影响了生态振兴的长期效应的发挥，其根本原因在于过去一段时间内形成的生态与经济之间的矛盾、短期目标与长期目标之间的冲突、局部利益与整体利益之间的权衡。要建立乡村振兴的长效机制，必须从以下方面着手：

（1）将生态与经济相结合。首先要全力推动乡村产业的融合发展与创新发展；其次要积极探索将生态经济化，发挥出生态环境的经济价值。

（2）有必要安排、规划好长期发展和短期发展之间的相互协调。这种长短期规划间的协调一般可以通过科学合理的制度创新安排来加以解决。首先，必须切实做好长期规划的编制工作，在长期规划中必须充分考虑和安排一系列的短期活动计划，从而达成短期目标和长期目标之间的相互统一。其次，创新机制体制必须加强，短期规划与长期规划之间的利益协调不能遗忘。

（3）必须探索整体与局部之间的联动机制，充分考虑到各地的差异性，调动各地的积极性。

（4）创新投融资体制机制。

（5）加快推进乡村振兴相关法规体系建设。

（6）继续坚持党的领导和提高普通群众参与度相结合原则（朱斌斌、冯彦明，2019）。

二、乡村生态资源价值实现探讨

（一）实现形式探索

温铁军等（2019）研究认为，乡村生态资源价值的实现，村社集体经济组织的作用发挥很重要，同时要借助构建农村"三级市场"制度体系作为保障。具体操作流程如下：

第一步，先把农村生态资源价值化。完成这一步需要三个条件：一是生态资源资本化；二是吸引市民下乡和三产化再定价农村生态资源要素；三是农村改革"加杠杆"撬动生态资源资本化开发。

第二步，模拟一级市场，将生态资源价值变成可交易资产。

第三步，通过交易市场吸引金融资本和其他社会资本进农村。

构建上述制度确保农村生态资源价值实现路径的意义在于：一是可以通过金融替代财政做法，缓解地方政府加大生态建设投入的财政压力；二是可以促进农村生态资产的增值，保证农民财产性收入的增加，因为这一制度创新可以显著增加基金投资的预期收益，进而可以进一步将城市的过剩流动性引入农村。当然，在这一改革过程中，村集体经济组织会起到非常关键的作用。

（二）发展生态产业促进生态价值实现

生态建设与产业相结合，农业绿色发展与产业相结合（姚梦博等，2019）。乡村振兴需要产业生态化、生态产业化（何瑞霞，2019）。学者们的大量研究证实，产业生态化与生态产业化之间的关系是相互作用的，彼此不能分开。采取不一样的降低农业污染的措施，有效降低对农业资源的消耗，能够产出更好的、具有更强竞争力的生态农产品，这样做能够实现发展与环保的双赢目标。生态产业发展对策包括：改造提升传统农业产业，延伸产业链；在确保粮食安全的基础上，努力改善农业生产的生态系统；以发展模式为切入点，着力提升本地农业产业化经营能力；通过多方努力推动节约型和循环型农业生态产业，使现代中国农业向着可持续经营的方向发展；加强政府配套服务，加大政府监管程度（卜凡凡等，2018）。

（三）科学处理生态振兴与绿色发展的关系获得生态经济价值

循环经济、低碳经济以及生态经济共同构成了绿色经济模式，它能够促进经济发展，实现环境保护以及可持续发展，同时还能够引导产业结构的优胜劣汰（曹东等，2012）。王农等（2019）认为，乡村生态振兴与农业绿色发展相结合推进，中国面临的主要问题有三个方面：一是农业生态环境污染如何科学治理的问题，具体包括农产品消费需求的多元化，带来土地使用结构的变化；高投入和低效率的农业生产资料使用方式，带来的农业资源与环境之间不断加剧的矛盾如何解决；一直未能有效解决的农业农村环境污染问题。二是农业农村"生态、生产、生活"融合问题。三是产业与市场接口的问题。因此，正确处理两者的关系，必须创新思路：①通过科技创新来增强生态振兴和农业绿色发展的支撑力；②强化农业农村生态资源价值核算体系和生态环境检测评估标准体系建设；③通过对乡村产业布局的科学规划来支持乡村生态振兴和农业的绿色发展路径选择；④探索新型社会化经营与服务机制，以提升对乡村生态振兴与农业绿色发展的支持力度；⑤大力提升生态环境保护意识和绿色消费等方面，以解决乡村生态振兴与绿色发展内部矛盾，达成两者的相互协调关系。

三、生态资源经济价值评估相关研究

党的十九大报告明确指出，大力建设生态文明是中华民族永续发展的千年大计，党的二十大进一步强调了生态文明建设的重要性，因此必须树立和践行"绿水青山就是金山银山"的理念，通过最严格的生态环境保护制度的试行，为广大的人民群众创造出优良的和谐生活环境，满足人民日益增长的美好生态环境的需要。贯彻并全面落实"绿水青山就是金山银山"的生态文明建设理念，重要的是将生态文明建设的先进理念充分内化到中国特色市场经济的运行机制中，通过生态资源资本化的实现形式的创新，促进资源要素的可持续保值与增值，才有可能重新构建生态文明建设的社会经济基础，促进中国社会经济的绿色发展，最终达成人与自然和谐共生的社会建设目标。将"绿水青山"（生态资源）转化为"金山银山"（生态产品）其实是生态经济价值实现的过程。乡村生态资源价值的最有效转化遵循"生态资源—生态资产—生态资本"的演化逻辑过程，其中，包含了两大环节——生态资源的资产化环节和生态资产的资本化环节。国内外实践证明，生态资源通过资产化并最终实现资本化是实现乡村生态资源价值的最有效的途径。严立冬、谭波等（2009）基于生态资源资本化的相关理论和中国面临的现实基础，阐述了生态资源、生态资产和生态资本三者间存在的内在逻辑联系，进一步探讨了乡村生态资源价值实现的完整资本化路径，提出生态资源转化为生态资本需具有稀缺性、产生效益和产

权明确三个重要条件。

实现生态资产价值增值的重要途径之一是推进生态资产的资本化，这也是生态资源价值变现的最终结果。高吉喜、李慧敏等（2016）通过对相关生态资源、生态资产、生态资本概念辨析，提出生态资产资本化概念，进而研究了生态资产资本化的四个过程：前期投资、生态资本运营、价值实现、生态建设。

深入贯彻和认真落实习近平生态文明重要思想的关键举措是建立、健全生态资源经济价值的评估机制，这一评估机制的建立是践行"绿水青山就是金山银山"先进理念的关键路径，切实做好这项工作，对于推动中国经济社会健康发展及其向全面绿色型经济转型具有重要的现实和未来意义。现阶段，生态经济价值评估研究主要集中于对生态经济价值评估方法方面。

生态经济价值的评估研究最先来源于对自然环境和资源效益的核算方面。Marion Clawson（1966）首次提出旅行成本法，用于测度改善自然资源而提升的舒适性的货币价值。Mitchel（1989）在《利用调查评估公共产品》中通过数据来源和货币价值获得，将评估环境和资源价值的方法分为直接观察法、间接观察法、直接假设法、间接假设法。Freemen（1993）系统地阐述了标准经济学的理论与方法，并将标准经济学理论与生态环境的价值评估有机结合起来。他还系统地阐述了生态资源评估的各种方法和技术，为生态资本价值评估方法体系的建立奠定了一定的理论基础。Costanza（1997）出版了《全球生态系统服务价值和自然资本》一书，在这本著作中，作者明确提出了生态资源价值评估的相关原理及可行的方法。谢高地（2015）在 Costanza 的研究成果基础上，通过对相关领域专家学者进行问卷调查的方式，进一步确立了对于生态系统服务价值进行科学评估的方法——当量因子法。

丁建国（2004）将生态经济价值评估方法分为三类：一是市场收益法；二是机会成本法；三是重置成本法。蒙吉军（2005）对生态系统服务功能价值评估方法的研究运用了替代市场技术法和模拟市场技术法两种方法。其中，替代市场技术法运用"影子价格"和消费者剩余来表达生态系统的经济价值，具体操作方法有市场价值法、旅用法、费用支出法、机会成本法以及享乐价格法等；模拟市场技术对生态系统服务功能的经济价值表达则采用支付意愿和净支付意愿，具体评价手法为条件价值法。刘治国（2008）对生态系统价值评估的手段采用了使用意愿价值评估法。孙强（2005）采用工程费用法、调查评价法、直接计算法、替代市场法、影子工程法、人类资本法、机会成本法、经验估算法等对生态经济价值评估进行研究。吕耀（2008）对中国农业的食物生产、生态功能和经济状况定量评价采用了三维评价模型，并对研究结果进行聚类分析。

　　基于生态产品方面评估生态经济价值。将生态产品分为生态物质产品、生态文化服务以及生态调节服务。生态物资产品是生态文化服务和生态调节服务的物质基础（张兴等，2020）。生态产品价值实现的关键环节是确定价值实现主体。

第三节　主要研究方法

一、文献研究法

　　本书的研究过程中，首先运用文献研究法，借助浙江师范大学强大的图文信息中心资料库以及互联网平台，收集了大量涉及乡村振兴、生态文明建设、生态资源经济价值开发等的相关论文、著作、实践案例总结，以不同的关键词进行二次、三次搜索和甄别，最后确定了具有代表性的数百篇论文和著作作为研究背景资料，从乡村生态资源经济价值开发相关理论出发，总结了乡村生态资源涵养的主要举措，研究了乡村生态资源经济价值开发的三条主要路径——

生态资源产业化、生态资源资本化和生态资源产品化，并对中国东部地区生态资本效率时空演变特征及影响因素进行了实证研究，最终汇编成书。

二、调查研究法

为了验证理论研究中提出的乡村生态资源经济价值开发路径的合理性，重点对浙江省内的部分生态资源经济价值开发并成功的地区进行了实地走访调查，调查范围涉及浙北的湖州地区安吉、临安、建德、淳安等县市，浙中的义乌、东阳、兰溪、浦江、武义、永康、磐安、婺城、金东等县市（区），浙西南的衢江、龙游、开化、江山、松阳、景宁、遂昌、青田、云和等县市（区），浙南的泰顺、苍南及邻近的福建南平部分地方，收集了大量资料和数据，调查资料通过分析和筛选融进了本书的相关章节，为本书提供了实证支撑。

三、对比分析法

本书运用对比分析法对东部地区不同省区进行对比分析，得出了造成不同省区生态资本效率的不同结果的原因，在此基础上论述了生态资本效率的空间差异。

四、定性分析与定量分析相结合

首先，对研究对象——中国东部 10 省区的生态资本效率进行描述性分析，由表及里层层递进，研究现象内在规律和逻辑。其次，运用计量经济学方法，以客观数据为基础对经济现象运行情况进行分析。本书主要使用二阶DEA 模型、Malmquist 指数和面板 Tobit 回归的方法对生态资本效率进行分析，通过定性研究与定量研究相结合的方法，尽力使研究结果更具有科学性和说服力。

第四节 研究思路、内容与不足

本书研究遵循"文献回顾与梳理—理论探索—实证研究"的常用研究思路（见图 1-2）。

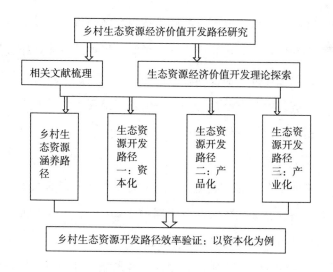

图 1-2 本书研究思路

首先，论述了选题背景，回顾了相关学者的大量研究成果，在此基础上对乡村生态资源涵养及其经济价值内涵进行了辨别。

其次，探索了乡村生态资源经济价值开发的相关理论，并结合各地实践，阐述了乡村生态资源经济价值开放的三种模式（路径）。

最后，进一步运用定性和定量相结合的方法研究了局部地区（东部 10 省市）的生态资本效率，验证了乡村生态资源经济价值开发路径之一——生态资源资本化路径的成就、问题及改进对策。

本书在梳理国内外乡村振兴、生态文明建设、生态资源经济价值转化相关理论和研究成果的基础上，基于传统资源价值理论、生态文明建设理论和新生态价值理论视角，以浙江地区为主要研究对象，探讨了乡村生态资源的涵养路径，生态资源经济价值转化的内在逻辑、制度保障和实践探索，由此得出乡村生态资源价值向经济价值转化的实现机制与路径，并进一步论证了中国东部10省市生态资本的效率，为实现乡村全面振兴、促进共同富裕提供政策参考。

本书研究内容共分七章：第一至第三章主要是理论探索，涉及相关文献回顾、乡村生态资源经济价值开发的相关理论及开发路径、乡村生态资源的培育与涵养路径；第四至第六章分别以各地生态资源经济价值开发的成功案例，论证了生态资源资本化、产品化和产业化路径的合理性及具体运作过程，可以为其他地域开展相似工作提供借鉴和思考；第七章进一步通过定量研究，验证了乡村生态资源经济价值开发路径之——生态资源资本化的效率及其存在的不足，并提出了相应的改进建议。

本书还存在不足之处：

一是未能验证生态资源产业化、产品化的效率和存在的问题；

二是收集资料存在偏颇，大部分资料截至 2019 年，不能准确地描述当前乡村生态资源经济价值开发的真实情况；

三是因为才疏学浅，研究比较肤浅，笔者未能准确把握其他研究者的相关研究成果，在理解上和资料信息收集上可能存在偏差，还望其他研究者海涵！

第二章 乡村生态资源经济价值开发相关理论

第一节 核心概念

一、生态资源

关于生态资源的界定，不同的研究者有不同的解释。这是一个在相关研究中经常被使用，但又没有被严格定义的概念。本书关于生态资源的描述采用张文明（2020）给出的解释，首先，生态资源指各类自然资源，包括自然环境、自然资源及其相互关联的生态系统，主要为人类生存和发展提供生态服务及生态产品；其次，生态资源既能够为人类提供各种有形的生产要素或者说是物质产品，如水产品、畜产品、林产品等，也能提供人类生存发展需要的、重要的生态调节性服务功能，如涵养水源、调节气候、景观休闲、调蓄洪水、维持生物多样性、保持水土等；最后，从一定意义上讲，生态资源是指能被人类用来作用于生产和生活的物质及能量的总称，它是人类赖以生存发展的环境和使社会生产正常进行的物质基础，客观存在于整个自然生态系统中①。

二、生态产品

生态产品的提法最早见于 2006 年时任国家林业局局长发表的《绿水青山也是政绩》一文，文中说"绿水青山是人们生存与发展的基本条件，是实现经济社会可持续发展的重要基础，也是人与自然和谐发展的重要标志。当前，中国的生态状况不容乐观……对经济社会可持续发展造成了严重危害。因此，为人与自然和谐相处服务的生态产品已经成为中国最短缺、最急需的产品"②。后来，不同的研究者有不同的论述。王永海（2014）把生态产品概括为建设森林生态系统、改善荒漠生态系统、保护湿地生态系统生产，其功能主要包括吸收二氧化碳、净化空气、涵养水源、制造氧气、提供淡水、调节气候、净化水质等。

关于生态产品的概念，随着研究的深入，学界逐渐接受了国务院给出的定义。生态产品被定义为"维系生态安全、保障生态调节功能、提供良好的人居环境的自然要素，包括清新的空气、清洁的水源、茂盛的森林、宜人的气候等；生态产品同农产品、工业品和服务产品一样，都是人类生存发展所必需的"③。

生态产品具有三个属性：一是公共物品属性，在消费过程中具有非竞争性和非排他性，这一属性决定了生态产品需要由政府提供供给。二是商品属性，具有价值和使用价值，在产权明晰的基础上，可通过市场交易实现供给。三是金融属性，生态产品的使用权、经营权、收益权等可以进行资产化、证券化、资本化，这是由于工业化、城市化的推进对生态环境造成破坏，使生态产品变得稀缺，但需求增加而供给不足，使用者愿意付出代价，通过交换获得的生态

① 张文明，张孝德. 生态资源资本化：一个框架性阐述［J］. 改革，2019（1）：122-123.
② 贾治邦. 绿水青山也是政绩［J］. 求是，2006（11）：22.
③ 国务院关于印发《全国主体功能区规划》的通知（国发〔2010〕46 号）［EB/OL］. http://www.gov.cn/gongbao/content/2011/content_1884884.htm, 2010-12-21.

产品具备商品和金融属性。

生态产品具有五个典型特性：一是正外部性，主要表现为生态产品的生态价值和社会价值外溢，被其他个体无偿使用。如果得不到足够补偿，那么就会造成生态产品生产不足。二是可生产性，表现在人类可以通过投入劳动和物质资源，推动生态系统恢复，增加生态产品供给。三是可交易性，生态产品与工农业产品和服务产品一样，都是人类生存发展所必需的产品，都具有商品的属性，因此可以通过市场公开买卖而实现其价值。四是可转换性，作为自然要素存在的生态产品，生态产品是经济发展不可或缺的生产要素，在经济发展中发挥着重要作用。生态产品的可转换性表现在生产过程中，其作为要素投入可转换成绿色产品，能带来较高的附加值，也可以转换成资产和资本。五是即时性。这是相对于延时性和定时性来说的，生态产品的效用发挥具有明显的时间特性，也就是说，生态产品的生产过程（即时间特性）就是生态产品效用的发挥过程。

生态产品一般分为三大类：第一类，包括食物、水资源、木材、棉花、医药、生态能源及生物原材料等在内的物质产品；第二类，包括涵养水源、调节气候、固碳、生产氧气、保持土壤、净化环境、调蓄洪水、防风固沙、授粉等在内的生态调节服务产品；第三类，包括自然体验、生态旅游、自然教育与精神健康等在内的文化服务产品。①

三、生态资源经济价值

生态资源的稀缺性说明了生态资源的有价性。生态资源是环境的重要组成部分，因此生态资源经济价值也是环境价值的组成部分。刘学敏等（2008）认为，生态资源的经济价值可分为两大部分，即使用价值和非使用价值，且每一个部分又由不同的内容组成，如图2-1所示。

---

① 欧阳志云. GEP核算，认与知［EB/OL］. https：//www. cas. cn/zjs/202108/t20210811_4801684.
shtml.

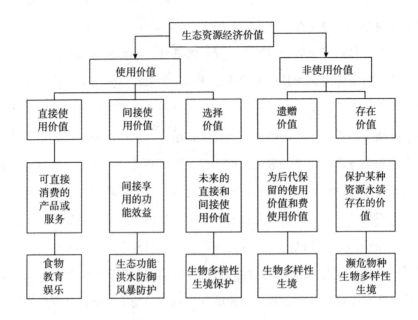

图2-1　生态资源经济价值构成①

　　使用价值，也被称为生态资源对人类社会的有用价值或有用性，指现在或未来某种生态资源被使用或消费时，能满足人们某种需要或偏好的能力。使用价值可以进一步被分解为直接使用价值、间接使用价值和选择价值。直接使用价值主要指能够直接为人类消费使用的产品或服务，包括产出型价值和非产出型价值，以森林资源为例，木材、药用生物、基因物质等属于森林资源的直接产品价值；旅游、科研、教育、休闲、美学等属于森林资源的非产出型价值（或直接服务价值）。间接使用价值指生态资源供人类间接享用的功能效益，如生态资源对生态系统的生物支持和环境功能价值，包括生态功能、洪水防御、风暴防护、森林资源的调节小气候功能、碳存储等。间接使用价值虽然不直接进入生产和消费过程，但是却为生产和消费的正常运行提供了必要条件。选择价值也称为期权价值，是生态资源目前未被直接使用和间接使用而将来可

---

　　① 刘学敏等. 资源经济学［M］. 北京：高等教育出版社，2008.

能被利用的某种服务的价值。选择价值涉及人们为将来可能利用某种生态资源而愿意支付的费用，类似于保险费一样，为不确定的将来提供保证，包括未来的直接使用价值和间接使用价值。选择价值的出现取决于生态资源供应和需求不确定性的存在，并且依赖于消费者对风险的态度。例如，人们为保护自然界生物多样性而显示出来的支付意愿等，因为这种支付意愿可以使后代人因此获得的生态资源价值（也称为遗产价值）。

非使用价值，也称存在价值，是独立于人们对生态资源的现期利用的价值，与人们是否使用它没有直接关系，与人类对自然爱和依恋的情感紧密相关，具体包括能满足人类精神文化和道德需求的价值。从某种意义上说，生态资源的非使用价值是人们对环境资源价值的一种道德上的评判，也是生态资源经济价值中的一个重要组成部分。非使用价值包括存在价值和遗赠价值。存在价值是生态资源的内在价值，与生态资源现在或将来的用途无关，仅源自知道某种生态资源的永续存在而产生价值。例如，如果人们相信所有的生物都有权利继续生存在我们这个星球上，那么人类就必须保护这些生物，即便它们看起来既没有使用价值，也没有选择价值。由于绝大多数人对生态资源的存在（如野生动物）具有支付意愿，这构成了生态资源存在价值的基础。遗赠价值指人们为保护某种生态资源，为了使子孙后代有权利享用该种资源而产生的支付意愿。

生态资源的非使用价值是生态资源经济价值构成中非常重要的部分，但在实际的决策过程中，由于生态资源非使用价值不存在直接的市场价格，传统的价值评估方法往往难以对其进行准确的评估，使其在经济决策中往往忽略这部分价值，从而导致生态资源的破坏和浪费。因此，为了保护生态资源，实现经济的可持续发展，必须对构成生态资源价值的所有部分予以评估，使其在决策中得以体现。

第二节 乡村生态资源特征、类型与开发原则

一、乡村生态资源的基本特性

(一) 联系性

乡村生态资源的联系性特征主要指生态资源与经济活动间存在的不可分割性。物质流动从自然环境开始，通过人类的干预活动，最终返还到自然环境中。乡村生态资源的经济属性存在于人与自然的活动之中，并随着人类经济社会发展的变化，呈现出差异性特征。乡村生态资源与人类的经济活动间不断发生着相互影响、互相制约的关系，生态资源通过人类主动开展的生产和消费等活动，最后回到生态环境中，从而构成一个物质循环过程，这种循环的不断重复，推进了人类社会的进步。张文明（2020）把人类开发利用生态资源的基本模式概括成了五种模式：

第一种模式：反映生态资源与国民生产总值关系。

$$GNP(t) = f[Lo(t), Ko(t), Ro(t), t]$$

式中，$GNP(t)$ 为国民生产总值，f 为前者的生产函数，$Lo(t)$ 为劳动投入，$Ko(t)$ 为资本投入，$Ro(t)$ 为生态资源产品投入，t 为时间并用于反映技术和其他要素的变动。

第二种模式：反映生态资源与社会消费水平关系。

$$C(t) = Cg(t) + A[S(t)]$$
$$= [GNP(t) - I(t) - X(t)] + A[S(t)]$$

式中，$C(t)$ 为该时期可提供的消费水平，$Cg(t)$ 为产品与劳务的消费量，$A[S(t)]$ 为人们享受生态环境的价值，$I(t)$ 为投资额，$X(t)$ 为出口额。

第三种模式：反映生产过程中投入的劳动、资本、生态资源存量和技术要素相互依存的函数关系。

Ro(t)= g[L1(t)，K1(t)，S(t)，t]

式中，S(t)为 t 时期的资源存量，L1(t)和 K1(t)分别代表因生产而投入的劳动和资本。

第四种模式：反映生态资源增量与劳动、资本、存量和技术等要素的相互依存关系。

H(t)= h[L2(t)，K2(t)，S(t)，t]

式中，H(t)为生态资源增量，L2(t)和 K2(t)分别代表在发现或更新改造过程中投入的劳动和资本。

第五种模式：反映生态资源存量与流量核算的关系。

S(t)= S(t-1)+H(t)-Ro(t)

表明生态资源本期存量等于前期存量加上本期增量减去本期生态产品生产量。

生态资源在生产与消费过程中接收的废弃物，反映出的关系有两类：一是可降解的废弃物；二是不可降解的废弃物。污染物流量生产与消费过程中的可降解废弃物与不可降解废弃物，反映出人类经济活动与生态资源关系的正反馈与负反馈。正反馈指遵循生态经济规律的经济活动，通过生产作用于生态环境，使生态资源在生产过程中实现更新；负反馈指违背生态经济规律的经济活动，破坏生态平衡。生态资源和经济同处在生态经济系统中，生态资源是人类经济活动的基础，人类经济活动对生态资源及生态系统具有反馈作用，实现生态资源优化利用是人类经济社会可持续发展的重要条件。

（二）稀缺性

生态资源的稀缺性特征主要从资源供给与人类生存与发展对资源的需求视角来看，相对于人类的需求来说，资源总是稀缺的，乡村生态资源的供给也一样。生态资源稀缺性一般指在一定历史期内，各类生态资源的供给数量相对于同一时期的人类物质需求期望总是有限性的。乡村生态资源的稀缺性主要包括以下三方面原因：

一是受人类生产力发展水平的限制。由于生产力的发展，科技进步需要一个累积的过程，因此对生态资源的开发、利用往往存在不足，相对于人类发展的需求，一定时期的科技水平并不能完全支撑对资源的开发利用，甚至可能带来生态环境的破坏，人类向自然排放的废弃物超过生态环境的自净化能力，进而造成生态资源稀缺状况。

二是生态资源分布不均衡，造成各地生态资源的稀缺。

三是人类需求的快速增长。需求指人们愿意购买并有支付能力的欲望。随着经济发展带来的收入大幅度增长，人们的支付能力逐渐增强，对美好生活的追求意愿更加强烈，这种追求自然会扩张到对于生态产品和服务的购买中，但生态产品和服务在一定时期内的供给是有限的，从而进一步凸显生态资源的稀缺性。

（三）有价性

传统经济学理论，在研究人类经济发展问题时并没有把人类对于生态环境的依附关系分离出来，因此生态环境在人类的经济活动中是不具有价值属性的，只要技术进步了，资源就是可以无限利用的。生产过程中只计算资金、劳动等的投入就能获得产出，并不计算生态资源的消耗及其所带来的价值。在消费上，一般认为生态资源是取之不尽、用之不竭的，由此造成经济制度设计上忽略生态资源价值。随着工业化的进一步深入推进，全球环境问题越来越严重，传统经济学理论不断显示出价值认识上的局限。为了更好地促进人类社会的和谐发展，传统经济学必须做出突破，承认生态资源价值的存在。一是把生态资源当成人类生存发展的不可缺少的物质基础；二是承认生态资源的日益稀缺性，而这种稀缺会导致经济生活中存在竞争和排他，最终带来价值提升或价格上升。由此，生态资源有价性至少包括两大层次：一是生态资源进入经济社会系统，被人类生产生活所开发而构成生产品价值，如生产原料、林产品等；

二是生态资源在发挥固有的生态服务功能时必须具有的价值。

但是，在现实生活中，由于很长时间内人们没有认识到这种需求重要性等原因，生态资源的服务价值并没有被纳入到社会经济价值的核算体系中。传统的市场机制在经济统计上只体现直接进入生产过程中资源所带来的生产品价值，而对于生态资源服务价值却存在着市场化认知的盲区。如前所述，生态资源的经济价值包括使用价值和非使用价值，使用价值体现为直接使用价值（如饮用水等）、间接使用价值（洪水防御、碳储存等）和选择价值三个方面，非使用价值体现在遗赠价值和存在价值方面。生态资源的这些价值，在经济活动的各类市场行为和市场关系中，有些价值已经被市场认可，实现了市场价值，体现了生态资源的有价性，还有一些生态资源的经济价值受人类的认知缺陷、技术水平限制、制度设计缺陷等影响，还没有挖掘出其中的价值，因而构成了生态资源的潜在价值。

（四）增值性

人类社会不断进步发展，对生态资源的需求也不断增加，由此生态资源的稀缺性问题越来越严峻，这种稀缺性加上生态资源的有价性，进一步催生了乡村生态资源的增值性特征。生态资源的增值性使乡村生态资源具备了资本特性，也就是说，一旦拥有乡村生态资源的所有权或使用权，拥有者将获得乡村生态资源的未来预期收益，这就是乡村生态资源的增值性。

乡村生态资源的未来增值预期主要包含两个方面：一是通过生态资源资本化带来的增值，这是生态资源经济化的一种最高形态，当然资本是肯定能带来预期收益的，这是生态资源作为资本本身的增值，衡量指标表现为资本利率；二是由乡村生态资源稀缺性特征所带来的生态资源经济价值的上升。当生态资源供给在一定时期内相对固定（即稀缺）而需求不断上升时，必然会带来供不应求的市场反应，从而使乡村生态资源经济价值不断上升，生态资源市场价格上也会呈不断上升趋势，由此实现乡村生态资本的最终增值。

（五）差异性（地域性）与整体耦合性

生态资源的空间分布遵循着一定的规律，不同的生态资源有不同的发展规律，这种状况造成了生态资源的地域差异性特征；同一区域不同的生态资源或不同区域的生态系统间虽有各自不同的运行规律，但它们之间不是互相独立、孤立地各自发展，而是相互依存运行，共同作用。它们不仅构成了完整的生态系统，而且共同推进生态系统的发展变化。这种相互依存是有机的、辩证的，并不是简单叠加的，表现出了生态资源的整体耦合性特征。在人类的经济活动中，差异化的生态资源分布形成了区域生态资源的比较优势，导致各地经济发展的不平衡状态。另外，同一地域内部各生态资源要素之间、不同区域之间的生态资源又存在着相互耦合的关系，所以在开发利用生态资源的过程中，需要寻求地域内部各部门间和不同区域间的资源整合机制，通过这种资源整合，共同推进经济社会的协调发展。具体而言，在生态资源富集的地域，快速推进经济发展的同时，要注意生态环境的保护，防止对周边地区的社会经济发展带来的消极影响；生态资源不足的地域，要通过与生态资源富集地区的资源整合，寻求协调发展之路，这也是生态经济系统耦合发展的重要内容。

（六）收益性

收益是所有者权益的一种体现。生态资源的所有者权益可以体现为生态资源的收益，这种所有者权益通过生态资源经济价值的产品化、资产化和产业化加以实现。从本质上看，生态资源所有权属于国家，但生态资源分布于不同的区域，其经济价值的实现需要各种主体参与，因此生态资源的经营权必须与所有权分离，并通过经济管理的"有形之手"——区域协同机制加以合理配置，以达到最佳效益和效率。目前，生态资源收益在实践上体现包括生态补偿、直接生态产品交易所得、生态调节所得、生态资源资产化收益等，未来可能有更多的实现路径创新。

二、乡村生态资源的类型

乡村生态资源能够给人类社会的生产和生活需要提供现实的生态产品和生态服务，同时能实现能量转化、物质循环等其他生态功能，具体包括环境资

源、生物资源等为代表的生态系统中各种生态要素。不同的研究者对生态资源
有不同的划分。由于研究领域和研究目的不同，生态资源类型的划分呈现标准
多、类别多样的特征。

（一）按照生态资源的初始状态划分

生态资源按照生态资源初始状态可被划分为天然生态资源和人工生态资
源。一类是天然生态资源，天然形成的资源是大自然赐予人类的宝贵财富，即
纯自然要素，如空气、水源、土地、气候等。天然生态资源主要承担自然界的
生态调节功能，维系着整个自然界的生态安全，为其他生物，包括人类提供良
好生产和发展环境。另一类是人工生态资源。这类生态资源主要指经过人类劳
动加工后所形成的包含了人工印记的自然要素，如通过人类的植树造林可以增
加碳汇，通过人类劳动建立的水土保持净化水源设施等。人工生态资源的最显
著特征是通过人类劳动对生态资源的利用、改造，使其更好地为人类自身生产
生活服务。两者都是"凝结了无差别的人类劳动"。按照马克思主义的观点，
人是自然界的一部分，受自然界影响和制约，自然界为人类提供物质资源，是
人的无机的身体，人靠自然界生活。生态资源存在于自然界中，是人的实践与
消费对象。天然形成的生态资源（如各类生态产品等）虽然也作为人类的自
然消费品，但是人们在生产生活及实践活动中，通过有意识地对自然物进行符
合人类需要的改造，使其凝聚了人类劳动而成为社会化生态产品时，人们对这
些生态资源消费的形成就可能发生许多变化，如通过植树造林可以增加氧气含
量、通过污水处理可以提高水质等。人类通过劳动，从生态资源环境系统中获
得人类生产和发展所需要的生态资源；同时，为保护人类能够与其生存环境之
间合理地进行物质、能量和信息等的交换，对生态资源环境进行适当改造，如
采用涵养水源、调节气候、清洁空气、净化水质、减少噪声、吸附粉尘、防风
固沙等方式保护和净化生态。

（二）按照生态资源的可再生性划分

生态资源按照生态资源可再生性可将其划分为不可再生生态资源和可再生

生态资源。第一类是不可再生的生态资源，如矿产、石油、天然气等各种矿物和化石燃料，这类资源的生态性往往体现在物质循环、能量循环过程中，较难直观感受到"生态性"。目前这类资源较早被人类开发利用，其存量逐渐减少以致枯竭，主要特点是储量有限，一旦被用尽或过度消耗，则在短时间内无法补充。第二类是可再生的生态资源，又可细分为生物可再生生态资源和非生物可再生生态资源。生物可再生生态资源富有生命、可再生循环能力强，包括各种动物、植物、微生物及其周围环境组成的各种生态系统，如森林、草原、鱼类、野生动植物等；非生物可再生生态资源虽然没有生命，但具有可以恢复和循环使用的规律，如土地、水等资源。可再生生态资源的生态性以多种形式存在，能相互转换，具有自我更新复原、可循环的特性。比如，水资源处于全球水循环过程中，不断得到大气降水的补给，通过径流、蒸发实现更新；又如森林是以乔木为主体的生物群落，与其环境因素相互作用才构成了生态系统，不仅能为社会提供木材和林产品，而且对于调节气候、保持水土、涵养水源、净化空气、防治荒漠化等具有重要的生态功能。

（三）按照生态资源的产权性质划分

生态资源产权性质涉及产权主体、产权客体以及权利分割等内容。按照生态资源产权主体（所有权的拥有者）的不同，可将生态资源划分为公有产权、私有产权和混合产权三种类型。中国实行公有产权，包括全民所有和集体所有两种公有形式。从所有权分割的角度，可将生态资源划分为独有、共享类型，包括所有权分割出的使用权、处分权和收益权等，经由市场配置，辅之以必要的政府监管，可在不同的市场主体之间进行转换，形成对生态资源某种权能的占有。如林业资源归集体所有，在确权到户后，林农便拥有了所属林地、林木的使用权、经营权和收益权，以及在归集体所有前提下的权能交易。按照生态资源产权客体划分为水权、林权、土地权等类型，其中土地资源产权往往是其他资源产权的载体。按照生态资源产权使用性质的差异性，可将生态资源分为公益性、经营性以及准公益性等类型。生态资源的公益性基于公共目的、谋求社会效应，特别是以追求社会生态效益为核心的资源使用，具有规模大、范围广、受益面宽等特点。生态资源的经营性主要是通过对生态资源的生产、经营而获取经济利益的。生态资源的准公益性介于公益性和经营性之间，旨在实现社会效益和生态效益，同时兼顾经济效益，为社会公众提供生态产品或服务。基于不同产权视角的划分表现出共同的特征：生态资源产权以不动产产权为主；受生态资源时间、空间、种类关联性影响显著；具体产权表现形式多样，包括有形产权和无形产权，也可由实物产权衍生出相应的债权及股权。

（四）按照生态资源的其他标准划分

生态资源按照化学性质可分为有机资源和无机资源。按照自然形态分为动物资源、植物资源和矿藏资源。按照矩阵资源系统划分为：土地资源、水资源、海洋资源、矿产资源、能源资源、森林资源、草地资源、物种资源、旅游资源等。按照人类利用资源的角度划分为物质资源、能源资源、环境资源和信息资源。按照生态资源对人类作用的大小可分为战略性资源和非战略性资源。按照人类用途划分为生态农业资源、生态工业资源、生态旅游资源等类型。

三、乡村生态资源经济价值开发原则

（一）区情原则

对于乡村生态资源经济价值的开发，必须从各地实际情况出发，遵循区域情况差异，尊重资源区域分布的不均衡，进行科学合理的开发利用。

一是做到开发与保护相结合。生态资源的农业旅游价值开发应力求做到与自然景观相协调，促进生态农业与旅游业协调发展，不得破坏景观和污染环境。应以其自然之美与乡土之奇，充分利用丰富的动植物资源，体现自然与人和谐统一的生态之美，使农业旅游与生态环境相辅相成。

二是做到开发与协调互补。以生态资源价值的农业旅游景区化开发为例，开发过程中应突出区域生态资源的独特性、新颖性，避免单调和重复建设，充分注意景点设置与周边环境的互补结合，尽量保持旅游资源原汁原味的特色，

既要表现大自然的原生韵味，又要尽可能保护当地特有的传统文化，尽力避免把大量的现代城市化特性植入乡村，从而造成文化污染的产生，最终形成自然景观与农业旅游景观的和谐统一。

三是控制乡村生态承载力。乡村生态资源经济价值的开发利用与其他环境资源的开发利用一样，有一个承载范围，超出这一范围，就会破坏乡村的生态资源及环境。因此，应该把乡村生态资源经济价值开发的强度和一定时期的开发数量严格控制在乡村生态资源及其环境的"生态承载力"范围内。

（二）整体性原则

乡村生态资源经济价值既具有形式多样、丰富多彩的特点，又是区域资源的一个组成部分。因此，要把乡村生态资源的经济价值开发利用纳入区域资源大开发的系统工程中，从区域经济发展的角度出发，统筹安排，全面规划，形成统一的区域经济发展战略路径，促进区域经济发展。

（三）村民参与原则

按照中国的相关制度规定，分布于各地的乡村生态资源，大多与当地居民存在直接或间接的联系，山、水、林、田、溪、湖、草、荒漠等有些属于国家所有，有些属于集体所有，有些与私人经营者有关。因此，要开发乡村生态资源的经济价值，必须始终坚持村民参与，甚至村民主体原则。如开发乡村旅游，在依赖乡村自然生态资源的同时，必然会涉及乡村特有的乡村文化气氛，只有这样才能提高乡村生态资源对开发者和购买者的吸引力，真正让乡村居民从旅游服务中受益，实现旅游增收的功能，使村民们自觉维护乡村生态资源更有动力。

（四）效益原则

效益是管理的永恒主题，一切管理都以提高效益为目的，任何组织的管理都是为了获得某种效益，而效益的高低直接影响组织的生存和发展。乡村生态资源经济价值的开发需要资源管理者严格遵循效益原则。为此，必须做到：

（1）坚持依法开发。依法开发是保证效益的基本前提，为了有效开发乡村生态资源，必须制定和完善相关的开发法规制度，并在开发过程中严格执行相关法规制度，做到有法可依，有法必依，执法必严。

（2）坚持生态资源有价原则。只有建立起"资源有价"的认知，开发者、管理者、资源价值的消费者才会自觉地保护乡村生态资源和环境。只有让乡村生态资源经济价值开发具有价值增值，产生开发效益，才能为乡村生态资源保护提供相应的经济支撑。建立"资源有价"的认知和观念能减少传统的粗放性开发，进而避免开发中的人为破坏，同时可避免因为管理低水平所必然带来的对生态资源和环境的更深远的破坏。

（五）可持续发展原则

遵循可持续发展原则，是在乡村生态资源经济价值开发管理过程中，不仅要考虑当前，还要考虑未来长远发展，重视社会公平。不仅如此，遵循可持续发展原则还包括在生态系统受到某种干扰和破坏时仍能保持生态生产率的能力。为此，必须做到：

（1）坚持收益回投。保护乡村生态资源环境必须有坚实的经济基础，将所有工作落到实处，因此，必须把生态资源经济价值开发获得的经济收入的一部分回投到环境中，用于对环境的保护支出和修复因经济价值开发造成的对环境的不利影响支出，达到确保乡村生态资源环境的可持续利用的潜力。

（2）做好生态环境教育工作。乡村生态资源价值本身对于消费者来说具有一定的教育功能，以农业生态旅游产业为例，它与传统公众旅游的最大区别在于可以对游客进行环境教育，使游客在旅游消费过程中接收到关于生态环境与农业紧密联系的相关知识，感受到生态农业的自然美感，陶冶情操，愉悦心情。因此，在开发生态资源经济价值的过程中，管理者必须考虑把启迪环保意识相关设施等融合到产品和项目中。

（3）做到清洁与节约兼顾。所谓清洁生产是通过精心的科学设计，做到在一个完整的生产过程中，确保前一个生产流程产生的"废物"可以成为下一个生产流程的原料，由此持续循环，最大限度地达到生产过程不会向外部环境排放废弃物，或至少将其对环境的不利影响能够控制在环境可承载范围内。所谓节约资源，就是要始终坚持乡村生态资源开发过程中的"消耗最小"准则，具体包括：自然资源的节约，提倡适度消费，尽可能采用天然的可再生资源，诸如太阳能、潮汐能和风能等，大力倡导建筑材料使用天然的、不会对自然产生污染的材料，如石头、沙子、黏土砖瓦等。

（4）保证技术培训先行。要保证可持续发展原则得到坚持，关键是改变人的观念，人人应树立可持续发展的科学理念。因此，要把保护环境的工作落到实处，必须通过技术培训教育使乡村生态资源经济价值开发的所有参与者树立良好的保护意识，提升保护素质，这是坚持可持续发展原则的关键保证。

此外，在乡村生态资源经济价值开发过程中，应注意其他一些原则，如突出乡村生态资源的地域特色原则、兼顾消费与参与并重原则、增加资源开发形式的科学内涵原则、地域综合开发原则等。

第三节 传统生态资源经济价值形成理论

一、马克思主义劳动价值论和地租理论

马克思劳动价值论认为，无差别的人类劳动形成了价值实体，商品的价值量是由社会必要劳动时间决定的。如今生态产品的供给已难以满足日益增长的经济需求，必然需要投入劳动参与生态环境的保护和再生产，生态产品价值的形成正符合马克思的劳动价值的观点。生态产品中凝结的人类劳动主要包括两个方面：一是从生态系统中获得人类生存和社会经济发展所需的自然资源及生态要素时，在生态系统中凝结的人类劳动的价值；二是为了推动人与自然和谐共生，保证生态系统的稳定和可持续发展，维持生态产品的供给能力，人类对

生态系统进行的合理的保护和修复所耗费的人类劳动所凝结的价值。

生态产品价值的形成还适用于马克思地租理论，即生态产品的所有者可以对生态产品的使用和收益的权利进行出租，以获得绝对地租和级差地租。由于生态产品具有稀缺性和在短时间内无法再生的特征，生态产品的供给受到限制，因此产生了地租。如居民或者企业对洁净水源的利用需要向水资源的所有者（一般为国家）缴纳水资源费、企业利用自然景观发展生态旅游可以赚取超额利润等，在这些过程中，生态产品就形成了价值。在对生态产品征收地租过程中，既包括绝对地租，即并不考虑生态产品的开发利用条件和质量的高低，只要使用权属清晰的生态产品，都应该向所有者缴纳一定的费用；又包括极差地租，即根据生态产品开发利用条件的不同和质量的优劣，其所获得的收益会有所不同，这就产生了生态产品的级差地租。

二、公共品理论

现代经济学理论认为，公共品具有典型的非排他性和非竞争性特点。一部分人对某公共品的使用并不能阻止另一部分对这一产品的使用，称为公共品的非排他性。一部分人对某一种物品的使用并不会减少另一部分人对其使用的数量和质量，称为公共品的非竞争性特征。乡村生态环境的构成要素，诸如清洁的水源、清新的空气、温暖的阳光等具有明显的非排他性和非竞争性特点。因此，在对乡村生态资源经济价值开发进行研究时，要充分考虑到乡村生态资源产品的公共物品特性。而在享受生态产品带来的价值时，却存在着明显的"搭便车"现象，造成生态产品的受益群体庞大且难以明确，继而难以找到生态产品价值的付费者。在生态产品价值的实现过程中，应根据生态产品价值惠及范围的大小或生态产品消费群体的大小而明确生态产品价值的付费者，即具有典型公共产品属性的生态产品可以由政府付费（如生态补偿等），由部分群众享受的生态产品价值以收取税费等形式由受益群体付费，而具有私人产品性质的生态产品价值，则由明确的消费者付费（如生态农产品、生态旅游的价值）。

三、产权理论

产权理论是现代经济学的一个重要理论之一，产权是一种通过社会强制而实现的对某种经济物品的多种用途进行选择的权利，产权具有排他性、可流动性、可分割性、有边界性和收益性特征。产权理论明确表达了所有者对于资源占有和使用的权利，论证了具有稀缺性特征的资源可以达到最优化配置的目标，为解决产权外部性问题提供了一个思路。随着生态环境问题的不断恶化，乡村生态资源的稀缺性特征越发明显，这种稀缺性决定了乡村生态资源价值需求的竞争性和产权形成的可能性，为乡村生态产品进入市场交易创造了前提条件。产权可分为所有权、管理权和使用权。中国生态产品的所有权已经基本明确，即自然资源所有权属于国家和集体，生态产品的管理权经过行政机构改革也基本归于自然资源部管理。目前，生态产品的使用权比较模糊，生态资源的种类很多，很多为公共物品，其产权为共有产权，使用权很难清晰界定，如环境资源、水资源等，而且存在外部性问题，更加大了使用权确权的难度，目前正在开展自然资源确权登记就是在推进这项工作。产权理论有助于明确生态产品的提供者，为确定生态产品的价值应该归谁享有提供理论指导。

四、外部性理论

外部性指一个经济组织（主体）在经济活动中对第三方的福利产生的影响，这种影响可能是正向的（正外部性），也可能是负向的（负外部性）。外部性的存在，导致资源配置中边际私人成本与边际社会成本、边际私人收益与边际社会收益出现差异。乡村生态环境的正外部性体现在，对于乡村生态环境的保护措施，使乡村生态价值的生产能力得到强化，从而使参与环境保护者和非保护者同样享受因保护而带来的效益。乡村生态环境的负外部性体现在部分人的生产生活行为对于乡村生态资源和生态环境所造成的破坏，会对其他人造成不良影响，也就是说需要全社会人承担破坏成本。

但是，截至目前，针对乡村生态资源环境保护和破坏的正外部性及负外部性均未在成本和价格中得到充分体现，这会造成生态环境保护行为因未能得到合理补偿而供给不足，且生态环境破坏行为的成本小于其实际造成的损失而供给过多。乡村生态资源产品外部性的存在说明，市场和政府在资源配置中都有可能出现失灵状况，即无论是正外部性还是负外部性，最终都可能导致无法实现资源配置的帕累托最优。因此，需要对外部性进行科学有效的治理，实现外部性的内部化，主要途径包括政府和市场两种途径，即环境经济学常用的庇古手段和科斯手段。所谓庇古手段也称"庇古税"理论，这一理论认为，对产生负外部性的经济行为主体必须课以适当的税收，对产生正外部性的经济行为主体要进行经济补贴，这样可以实现资源配置的帕累托最优；所谓科斯手段，认为优化资源配置的基础是进行产权设置，只有明确产权才是解决外部性的关键抓手，也就是说，实现外部性内部化，可以通过产权的适当界定、私人谈判、交易成本的选择而实现。外部性理论为生态产品价值实现采取政府和市场两种主要方式提供了理论指导。

五、效用理论

效用可以简单理解为物的有用性，这是从物品满足人的欲望的能力或人对物品有用性的主观认知角度来解释物品价值及其形成过程的一种经济理论，其关注的重点是人的心理活动。按照效用理论的观点看，物的有用性和稀缺性是价值产生的必要条件。乡村生态资源的经济价值是人类生产和生活不可缺少的，无疑对人类具有巨大的效用，而自20世纪70年代以来，中国的乡村生态破坏和环境污染问题逐渐凸显，损害了乡村生态资源经济价值的供给能力，乡村生态资源经济价值供给与需求间产生了巨大的缺口，使乡村生态资源价值具有效用和稀缺性。效用价值论实际上是运用使用价值来决定乡村生态资源的经济价值的一种主观的价值理论，当难以客观衡量乡村生态资源价值中凝结的人类劳动时，可运用该理论，通过人们对乡村生态资源效用的主观评价（支付意愿或者受偿意愿）来衡量其价值。

第四节　新生态经济理论

新生态经济理论（生态环境生产力理论）是在建设具有中国特色社会主义的过程中逐渐形成的，形成的前提和基础是"绿水青山就是金山银山"。

一、绿水青山就是金山银山

（一）"绿水青山就是金山银山"的提出

这个理论是分析前人对生态文明建设做出的贡献，是在深刻认识中国当下生态国情的基础上提出的科学论断。众所周知，改革开放前，浙江的典型特征是人多地少、环境容量小、资源紧缺，经济发展相对落后。20 世纪 80 年代后，浙江的经济逐渐呈现良好的发展态势，但在追求经济跨越式发展过程中，环境污染、生态破坏等一系列问题也随之不断呈现。中共中央、国务院于2015 年 3 月颁布了《关于加快推进生态文明建设的意见》，代表着"绿水青山就是金山银山"理念被正式作为推进中国社会主义生态文明建设的坚实理论基础和重要指导思想。2017 年，党的十九大报告中指出，必须树立和践行"绿水青山就是金山银山"的理念，坚持节约资源和保护环境的基本国策，像对待生命一样对待生态环境。随着社会主义生态文明建设工作的不断推进，"两山理论"得到了充分的丰富和发展。

（二）"绿水青山就是金山银山"的内涵

1. 含义解释

简而言之，"绿水青山就是金山银山"是"绿水青山"和"金山银山"的相互关系的表达，是对经济发展和生态环境保护的具象化表达。"绿水青山"代表人们赖以生存的自然环境，是人类所处的自然环境中所包含的各种类型的自然资源，以及各类生态产品与服务。"绿水青山"具有自然属性、公共资源属性、稀缺性和双重外部性。"金山银山"指经济发展或经济效益，代表人们的物质财富，具有一定的经济价值，是绿色发展、和谐发展，让人民享受到经济发展带来的福利效益。"绿水青山就是金山银山"的终极目标是让民众生活在绿水青山环境的同时，提高其经济收入水平，使其既能享受良好生态环境带来的精神愉悦，也能体验到经济发展带来的物质享受。"金山银山"虽代表经济发展，但并不等同于经济增长。"绿水青山就是金山银山"要求的是经济得到可持续发展，同时满足人民对美好生活追求的永续发展，是走一条具有中国特色的社会主义生态经济发展的道路。

2. 实现方式

（1）生态资源经济化①。生态资源经济化是将"绿水青山"的经济价值通过一定的手段和路径转化为一种资产、一种产品或者某种产业。从新生态经济理论的视角看，"绿水青山"与一般的土地、矿产等各种自然资源一样也是生产要素的组成成分之一，在人类的使用过程中能带来大量收益，提供长期稳定的价值流量，因此可以作为自然资产进行管理。曾贤刚、秦颖（2018）在《"两山理论"的发展模式及实践路径》一文中阐述了这种管理的核心内容中指出：第一，基于乡村生态建设的生产实际和生态资源的自然规律，从开发利用开始，到保护、恢复、再生、更新、增殖和积累等生产与再生产的整个活动过程结束，完全遵照一般的经济规律进行投入产出的科学管理；第二，针对有人工劳动投入的生态资源涵养，把原来的事业型生态资源的生产和再生产模式转变为经营型模式；第三，对没有人工劳动投入的天然生态资源，构建资源有偿使用制度机制，将开发利用权逐渐推向市场，并将在市场运作中所获的收益再次投入到再生产过程中去；第四，构建并不断完善配套的乡村生态资源价值

---

① 曾贤刚，秦颖．"两山理论"的发展模式及实践路径［J］．教学与研究，2018（10）：17-24.

核算（包括绿色 GDP 核算）机制和市场化、多元化的生态资源价值补偿机制，形成用"绿水青山"的经济价值促进生态资源稳步增长、可持续发展生态资源产业的良性循环体系。

生态资源经济化是通过发展"绿水青山"内生产业和外联产业实现，即乡村生态资源经济价值的产品化和产业化。所谓"绿水青山"的内生性产业，是指与"绿水青山"相互共存共生的产业，也即直接把"绿水青山"转化具体可直接消费品的产业，诸如林下经济、乡村生态养老、乡村度假旅游等。这些直接依赖于"绿水青山"直接属性的内生产业，只有通过科学合理的规划，开发利用的技术手段符合环保标准要求，并且开发利用规模适度可控，再通过合理的市场化运作，是"绿水青山"转化为"金山银山"的最核心途径之一。另外，也可以通过某种路径，基于"绿水青山"基础培育出不同的延伸、派生与配套的某些产业，如建设相关的基础设施、发展物流业与其他服务业、建设绿色金融业、发展乡村绿色地产业等。只要这些产业布局合理、发展良好，就能带来"绿水青山"相关产业对周边区域的辐射效应，为乡村共同富裕做出贡献。

（2）经济发展生态化①。经济发展生态化其本质是要求在发展经济过程中紧紧依靠科技创新作为驱动力量，贯彻绿色科技、循环发展理念，具体包括循环生产、循环组合、循环改造传统产业，最终构建绿色生产方式和产业结构。另外，不断通过供给侧结构性改革，逐步推动经济发展走向生态化，构建基于绿色、循环、低碳、资源节约和环境保护型的生产生活方式。把"绿水青山"作为经济发展的内生变量，与土地、劳动力等一起归入生产要素中，作为供给侧改革的核心内容之一。同时，进行生态产品生产自身的供给侧改革，因为经济的快速发展所带来的生态问题不断突出，带来了生态产品供给的总量和均衡问题持续显现，要解决这种状况，必须从供给端入手、认真进行乡村生态环境资源的价格改革、建立多元化的生态产品供给机制、充分发挥市场机制在环境

① 曾贤刚，秦颖．"两山理论"的发展模式及实践路径［J］．教学与研究，2018（10）：17-24.

资源配置过程中的基础性作用，力求实现生态产品供需的平衡与统一。

（三）"绿水青山就是金山银山"的时代价值

1. 丰富了新时代中国特色社会主义思想内涵

随着中国社会主义现代化国家建设进入新的历史时期，中国社会实践发展需要有与之相适应的理论基础。"绿水青山就是金山银山"进一步吸收、借鉴并融合在中国传统文化中的各种生态理念和智慧，立足于中国当下发展现状，在不断实践当中形成的治国方略，具有丰富、深刻的内涵和鲜明的时代特征。既阐述了新时代背景下推进生态文明建设的必要性，又从实践层面为推进生态文明建设提供了科学指导。

从本质上来说，生态环境问题就是社会发展问题。在中国基本国情限制下，经济发展带来的负面影响难以避免。"绿水青山就是金山银山"理念是从更高层面对生态问题进行的认识与发展，为中国生态文明建设指明了方向，是党的执政方式和执政理念的一次深化变革。生态文明建设作为一种观念和一种意识，与人民的根本利益息息相关，是未来中国社会关注的治国之策，也是中国共产党的执政根基。

2. 创新了具有中国特色的国家发展模式

进入 21 世纪以来，全球尤其是发达国家面临一系列发展危机，一些发达国家采取了以损害发展中国家利益为前提的国家发展策略，这不仅不能有效解决已经发生的各类问题，还进一步加剧了国际上不同国家之间的矛盾与冲突。在这历史关键时期，中国创新性地率先提出了"绿水青山就是金山银山"的科学发展理念，打破了一直以来以"先发展后治理"为特征的传统国家发展模式，探索出了一条独具中国特色的绿色发展、可持续发展之路。"绿水青山就是金山银山"倡导要将绿色 GDP 作为衡量经济发展质量的重要指标，也就是说，不能单纯地将 GDP 作为唯一衡量标准，要把经济增长、污染治理、环境保护和生态发展全部都纳入统计考虑范围之内。"绿水青山就是金山银山"的科学论断饱含着中国特色智慧，精准地解决了当今时代提出的生态治理难题。以坚持人与自然和谐共生为基本原则，以绿色、清洁、环保为主要特征，以实现中华民族永续发展为最终目标，通过统筹保护与发展、生态与经济有机融合，自然与社会的关系和谐，特别强调绿色发展、协调发展以及可持续发展原则理念，不仅可以为中国特色的经济发展转型提供思想引领作用，也创新了具有中国特色的国家发展模式的丰富内涵。

3. 对马克思主义生态思想的丰富和发展

一方面，"绿水青山就是金山银山"集中体现了马克思主义关于生态自然观所具有的本质特性。马克思主义生态现认为，必须在肯定自然界优先的前提下，从主体实践角度出发去理解自然。也就是说，人只有通过具体实践活动实现自然的人化，才有可能使人与自然间的对象性关系得到真正的形成和确立，这一思想充分体现了马克思主义关于生态观理念的本质特征——"人化自然"。"绿水青山就是金山银山"观点的核心思想集中体现了马克思主义有关生态观思想的本质特性。"绿水青山"朝向"金山银山"的转化途径在本质上是人对自然进行人化改造的过程。人类对自然界进行有意识拓展和对象化后才能得到社会所需的一切物质财富、产品等。与此同时，随着社会经济的不断发展，大自然的对象化程度不断加深，但来自大自然的条件和资源并不是无限量的，当这些客观条件和因素逐渐被人为破坏而变得稀缺时，人类将无法得到再造再生。"绿水青山就是金山银山"思想正是在这样的背景下，考虑到了自然环境资源的承载力约束和最大限度，充分正视了自然界的生态平衡性，充分体现了尊重和保护自然的绿色发展理念。

另一方面，"绿水青山就是金山银山"丰富和发展了马克思主义的生态要素思想内容。马克思主义认为，生态文明由人、自然与社会三个要素构成，三者之间是有机统一的。人是自然界的主体，自然界是人的客体。人与人之间的关系存在的基础是人对自然进行的对象化改造。同时，人与自然间的关系又可以制约人与人之间的社会关系；反之，人与人之间的社会关系也可以反作用于人与自然间的关系。"绿水青山就是金山银山"正是对马克思主义生态思想要素的集中体现和具象表达。"绿水青山"是人类赖以生存的自然环境，"绿水青山"作为生态环境、生态资源，在一定催化剂的作用下可以直接转变成"金山银山"；同时，"绿水青山"本身又是人们生活中的"金山银山"，与人的生活环境紧密相连，因此生态环境水平与人民群众生活质量密切相关。"绿水青山就是金山银山"从联系、运动、发展的角度把握人与自然的辩证关系，既是对马克思主义生态文明思想的继承与守正，又纳入了契合时代发展的新元素，实现了对马克思主义生态文明思想的创新与发展，生动地诠释了经济发展与生态保护的辩证关系，不仅为中国特色现代化建设提供了指引，也为全球生态治理贡献了独具特色的中国方案。

二、生态环境生产力理论[①]

（一）理论内涵

1. 把发展生产力和保护生产力与生态环境的保护与改善直接结合起来，提出"保护生态环境就是保护生产力，改善生态环境就是发展生产力"[②] 的论断

首先，从资源环境的约束视角出发，对环境进行有效治理，其实质是解放生产力。经济学理论告诉我们，不同的社会发展阶段，由于各种因素的影响，生产力发展会遇到不同形式的各种束缚，因此只有把生产力从各种各样的束缚因素中解放出来，才能更快、更好地推进生产力的发展。在新的历史时期，国内外的大量经验与教训充分证明，资源环境问题日益突出，且已成为限制新时期生产力良性发展的严重制约因素，因此治理生态环境、切实保护乡村生态资源成为新时期解放生产力的重要课题。中国改革开放以来实行的市场经济体制改革实现了经济活力的释放、使中国特色的社会主义制度不断进行自我完善，

---

① 何爱平，李雪娇，邓金钱．习近平新时代绿色发展的理论创新研究［J］．经济学家，2018（6）：5-12.

② 中华人民共和国中央人民政府．中共中央关于党的百年奋斗重大成就和历史经验的决议［EB/OL］．http：//www.gov.cn，2021-11-16.

在这一过程中，人们利用和改造自然的能力不断提高，在一定意义上实现了物质生产能力的巨大进步。但随着经济发展所带来的对自然资源的消耗在不断上升，废弃物排放的不断上升，资源环境的不断脆弱，并进一步成为阻碍社会主义生产力进一步发展的要素。因此，在新的历史时期，要全面推进和深化体制改革，必须把一直以来形成的生产力从对环境的过度依赖路径中解放出来，走向积极治理生态环境，构建利用自然法则和社会法则双向保护生态环境的体制机制。生产力发展的基本前提是进行有意识的生态修复工作，治理生态环境的实质是重构和完善自然生态的自组织能力，进而打破新时期经济发展的约束瓶颈，进一步突破新时期发展生产力的约束机制，从这一点上理解，新时代背景下治理乡村生态环境的实质是解放生产力。

其次，从经济结构转型看，改善环境就是发展生产力。马克思主义理论认为来自自然的力量不仅是生产力发展过程中的重要决定因素，而且是一切生产力发展的起点，自然不仅构成了劳动的对象，也构成了劳动的资料，自然力是生产力发展的源泉，是决定生产力发展的重要构成，是劳动生产力发展的先决条件。基于这样的认识前提，必然逻辑得出，只有保证自然力的发展，劳动者的劳动效率才能得到保证，进而确保社会生产力得到实现长期可持续的发展。进一步把该原理扩张到对自然环境的认识上，就能理解"对自然环境的改善就是修复自然界生产力，重建生态环境的过程就是自然力自我调节并使其重新焕发生机的过程"的科学论断，也能进一步理解通过完善劳动者的智力体力可以发展社会生产力的过程的论断。以上论述说明，无论是从自然生产力的视角，还是从社会生产力的视角观察，改善环境都能够发展生产力。

最后，如果从生产力的本质内容视角观察，很好地保护了环境就是保护了生产力。因为生态环境是现实生产力发展的重要基础要件，因而破坏环境就是破坏现实生产力，保护环境就相当于保护生产力。作为人类的劳动对象，外部自然界是一切社会劳动能够顺利开展的基本前提和首要基础。自然界本身是人的"无机的身体"，人的全面自由发展本身就内含自然环境的发展，而且只有

"身体"健康才能充分发挥人的主动性和能动性，实现规模化，现代化的生产。从劳动对象视角观察，外部自然环境在社会生产中所处的基础性地位是完全不可推翻的，一旦脱离了自然环境，任何人类劳动都没有了现实意义。因此，生态环境可以看成是新时代宝贵而重要的绿色财富，要保护新时代的财富就必须做好保护环境工作，其本质是保护社会主义生产力。

2. 把生态环境与民生福祉直接结合起来，提出"生态环境是民生福祉"的论断

国家的经济发展离不开广大人民群众的理解与支持，实现人民群众对切身利益的追求是国家的最高目标和最终目的。作为与人民群众生活密切相关的一部分，生态环境的好与坏将直接影响人民的生活品质。

"民生"指人民的基本生存和生活状态。良好的生态环境是人类生存与健康的基础，也是一个国家持续发展最为重要的基础。生态环境没有替代品，用之不觉，失之难存。因此，改善民生首先需要改善生态环境，满足人民对洁净的空气、适宜的土壤和清洁的水资源等基本生存需求，并提供丰富的生产生活资料以供物质生产。"福祉"，可以理解为福利，可以分为"经济福利""社会福利"及"非经济福利"等。福利与人民群众密切相关，直接影响人们的生活水平与幸福感。每个人都有权利享受福利，自然也包括生态福利。为人民创造良好生态环境，体现了中国共产党的民生情怀，是以人民为中心思想在生态发展领域的具体体现。促进经济发展与提高生态质量同样都是满足人民对美好生活的需求。坚持"生态惠民、生态利民、生态为民"的基本思想，必须不断地改善环境质量，努力创造优良的生态环境，将人民群众关心的所有生态问题置于第一位，为人民群众提供高质量的各种生态产品，尽力满足人民群众对追求美好生活的需求，这既是中国共产党的重要工作宗旨，也是中国共产党人的人生重要使命。

3. 把山水林田湖草与生命共同体构建直接结合起来，提出"山水林田湖是一个生命共同体"重要论断

2013 年召开的党的十八届三中全会，针对生态环境治理中存在的问题，提出了"山水林田湖是一个生命共同体"的重要观点，强调对山水林田湖要进行统一保护、统一修复，不能顾此失彼。党的十九大报告中正式提出"人与自然是生命共同体"的思想，强调人类不仅要尊重自然，还要顺应自然，进而保护自然。

所谓"生命共同体"，其实质是人类与自然和谐相处共生，人们要遵循自然发展规律，合理开采自然资源；同时要心存对大自然的敬畏，不可为了一己之私而破坏自然生态（秦颖，2022）。人与自然是辩证统一的关系，人生于自然之中并依靠自然界发展，大自然为人类提供发展所必需的物质。人与自然二者相互依存，人类的一举一动都必须尊重、顺应并保护自然生态环境，这是人类发展必须遵循的客观规律。从长远发展角度看，国家建设必须从实际出发，统筹全局，着力生态文明建设，并对其进行创新，做好环境保护工作，才能真正推动建设的进程，最终取得伟大成效。

（二）生态环境生产力理论的时代价值

1. 生态环境生产力理论对深化生产力理论研究具有重要指导意义，是新时代生产关系变革的内在动力源泉

马克思主义理论最为突出的理论品格就是始终保持与时俱进，随着时间、地点和环境的变化，组成社会生产力的内在含义必须进行不断的调整、创新和发展。传统生产力理论把生产力一般定义为人类征服和改造自然的所有能力，因此往往把生产力理论称为一种"征服论"，这一理论的缺陷是把人类社会和自然界的相互作用、相互依赖关系，抽象地解释为人类不断从自然界单向索取生存资源的关系，因而忽视了自然界对人类的反向限制作用。生态环境生产力理论的创新在于提出了保护自然生态环境的本质是保护社会生产力，改善生态环境的本质在于发展社会生产力，由此克服了传统生产力理论存在的不足和缺

陷,不仅极大地丰富与深化了传统社会生产力理论研究所取得的最新成果,而且为推进学术界对传统社会生产力理论的研究进行不断深化,提供了非常重要的理论指导。[①]

社会生产力的持续发展必然带来全社会生产关系的深刻变化,新时期的生产力已经包含环境因素,因此其社会生产关系必然涵盖过去被忽略的部分。生态环境资源作为生产要素的利用环节、物质产品生产过程的末端,包括污染物的达标排放与处理过程以及生态产品的生产、供给、交换、分配、消费各环节中组织或个人所涉及的相互关系。与生态环境生产力相适应的新型生产关系包括六大方面,即使用者购买、污染者付费、损害者修复、生产者获利、改善者受益、受益者补偿(秦颖,2022)。

2. 生态环境生产力理论是在充分并科学地把握了生态文明新时代科学发展趋势基础上的一种理论创新[②]

马克思主义基本原理告诉我们,生产力是人类社会在不断地进行生产实践中利用自然、改造自然的一种能力,是推动人类社会可持续发展的决定性力量,社会生产力具体由实体性要素、渗透性要素、运筹性要素三大部分构成。其中,社会生产力的实体性要素由劳动者、劳动资料和劳动对象三者构成;渗透性要素指构成生产力科学技术部分;运筹性要素指社会经济活动中的劳动的分工、劳动协作和对生产活动进行的管理活动。在具体社会生产实践中,社会生产力的各项构成要素之间并不是相互独立、互不相关的,它们之间往往相互联系、相互作用,共同推进社会发展与进步。在推动社会发展的各种力量中,生产力始终是最活跃、最具革命性的因素,并在人类历史发展的长河中一直处于不断发展和不断提高的过程中。人类社会对社会生产力本质内涵的认识同样是一个不断深化的过程。在人类社会处于农业文明阶段,对经济社会发展起最

① 黄娟,刘思华.中国化马克思主义环境生产力论探析 [J].毛泽东思想研究,2008 (5):124-128.

② 张森年.习近平生态文明思想的哲学基础与逻辑体系 [J].南京大学学报(哲学·人文科学·社会科学版),2018,55 (6):5-11.

重要作用的是社会生产力中的实体性要素。在工业文明时代，构成社会生产力的协调性要素对经济社会发展的重要性明显加强，科学的管理活动可以使各种生产要素协调运转，提高了社会生产效率，科学技术不断地应用于生产过程，促进了社会经济的飞速发展。工业文明时代在生产力创新方面取得的巨大成果，非常显著地推动了人类社会在经济领域、政治领域和文化领域的快速变革，从而使人类社会生活进一步摆脱了对自然的绝对依赖，带来了人类社会的更高境界，当然同时也不可避免地造成了掠夺式开发自然资源发展模式。这种人类社会发展的模式造成支撑人类发展的自然资源出现了日趋枯竭的现象，自然生态环境也逐步恶化，最终形成人与自然界关系空前对立的状态，人类社会的可持续发展受到严重挑战。在生态文明阶段，相关的生态要素对社会经济的可持续发展表现出极大的影响，其贡献率不断提高，形成了新时代生产力发展的全新趋势，这是构成环境生产力理论诞生并不断推进深入的时代动因。

3. 生态环境生产力理论对指导中国发展和保护生产力实践具有重要作用，是解决当前社会矛盾的主要路径

传统生产力理论在促进人类社会进步的同时，也为人类的一切不负责任的经济活动提供了理论依据，人们任意掠夺自然、破坏自然，甚至可以毁灭各种生物资源，由此自然界对人类的报复与日俱增。生态环境生产力论是探索人与自然和谐协调、共生共荣、共同发展的产物。在生态环境生产力论指导下，通过实施可持续发展战略，发展循环经济，建设生态文明和资源节约型、环境友好型社会，可以达到人类社会的可持续发展。

当今中国社会存在的主要矛盾是人民日益增长的美好生活需要和不平衡不充分的发展之间的矛盾，其实质上仍属于社会需求和社会发展方面的矛盾，而解决这一矛盾的关键点在于如何充分发展经济的同时满足人民对美好生活的需要。生态文明建设作为与人们生活密切相关的一部分，有着十分重要的意义。要做到生态环境建设与经济发展齐头并进，需要立足生态文明建设体系既是科学的又是现代的前提下，努力探索更符合中国现代社会经济发展状况的生态文

明建设路径和方法，加速在广大的中国农村推广符合现代化生态文明建设理念的建设模式。实现生态价值，就是实现经济效益；保护生态环境，就是保护民生福祉。而民生福祉是人民最大的美好生活需要。

4. 生态环境生产力理论是对中国传统文化与马克思主义理论的升华及发展

"生命共同体"是理念生态环境生产力理论的核心内容，这一理念的提出继承和发扬了马克思主义自然史观和马克思主义认识论思想。马克思主义自然史观主要包含人源于自然界、人与自然界的对象性关系及劳动是人与自然实现统一的途径的三个方面，强调人要与自然界和谐一致。"生命共同体"理念强调人与自然和谐共生，既然人类社会与自然界是生命共同体，所以人类必须切实做到尊重自然、充分顺应自然和尽力科学地保护自然。构建人与自然生命共同体是中国继续推行可持续发展战略的重要保障，也是为了更好地实现美丽中国建设及复兴中华民族的根本举措。因此，"生命共同体"理念蕴含了丰富的历史意义和当代价值，是将马克思主义原理与中国具体实际相结合，形成的具有中国特色的生态文明思想，是对马克思主义自然史观和马克思主义认识论的丰富与发展。

第三章　乡村生态资源涵养主要路径^①

自然生态环境是支撑人类社会生存和发展的根本基础，它直接影响着人类文明的兴盛与衰落的交替演化。黄守宏（2021）、袁祖社等（2022）认为，生态兴则文明兴，生态衰则文明衰，以绿色发展为核心展开的乡村振兴战略活动是一场非常深刻的乡村建设革命。在实施乡村振兴战略的过程中，必须始终坚持节约优先、科学保护优先、遵循自然界自主恢复为主导的方针，"要像保护眼睛一样保护生态环境，像对待生命一样对待生态环境"^②，努力践行"绿水青山就是金山银山"的新时代发展理念，实现人与自然的和谐共生目标，还自然以宁静、和谐、美丽，不断达成满足人民群众持续增长的对优美自然生态环境的追求。

---

① 本章核心内容根据孙景淼等编著的《乡村振兴战略》（浙江人民出版社 2018 年版）第六章改编。

② 中共中央文献编辑室．习近平关于社会主义生态文明建设论述摘编［M］．北京：中央文献出版社，2017.

第一节　养护乡村自然生态资源

　　乡村是百姓的根，优美自然山水、靓丽田园风光、和乐人居景象，令多少人心驰神往。党的十八大以来，中国生态环境保护发生了历史性、转折性、全局性变化，广大农村日益呈现出留得住绿水青山、记得住乡愁的人居环境。但应当认识到，生态环境保护任重而道远，必须以壮士断腕的决心、背水一战的勇气、攻城拔寨的拼劲，打赢污染防治攻坚战，让中华大地的天呈现更多的蓝、山呈现更多的绿、水变得更清澈、空气变得愈加清新、环境变得更优美，为老百姓留住充满鸟语花香的自然生态。

一、依法落实空间规划

　　（1）划定三条控制线。各地管理部门必须依法根据不同地域的乡村自然资源环境的可承载能力、已经进行开发的密度和未来的发展潜力，通过统筹考虑人口分布、经济发展、国土利用和城市化进程，明确主体功能区。合理确定城镇发展、农业生产、生态保护三类空间比例，划定和严守城镇开发边界、生态保护红线和永久基本农田三条控制线。以主体功能区定位为依据，实行差异化的国土利用方式：优化开发区域"以存量换增量"，重点推进城乡土地整理挖潜、城乡建设用地增减挂钩，维持现有开发强度，调整优化发展结构；重点开发区域"以效率换用地"，建立关于开发强度的激励分解制度，实现经济提速增效；限制开发区域"以管控保生态"，考虑土地开发潜力、环境承载能力以及生态保护要求，降低开发强度，实现保护优先、集聚发展。加快推进制造业向工业园区集聚，现代服务业向中心城市集聚，农村人口向县城和中心镇集聚，进一步优化资源要素配置，促进协调发展。

（2）切实强化空间规划管控。制定城镇、农业、生态三类空间开发建设管控意见和转化机制，明确各类空间管控方向和管控措施，引导空间资源的有效配置。从产业准入、环境容量、征占用管理、开发强度、生态补偿等方面，研究城镇开发边界、永久基本农田、生态保护红线管控的办法和政策措施。制定基于主体功能定位的差异化考核办法，强化考核评价结果应用。推行能源、水、土地等资源利用消耗标准和污染物排放、清洁生产等差异化环境标准，引领产业合理发展和转型升级。研究与生态产品价值、生态红线区保护面积、产业准入负面清单、生态保护质量相挂钩的财政政策，探索建立流域上下游间生态保护补偿机制。

（3）推进重点生态功能区转型发展。探索重点生态功能区特色化、可持续的发展道路，促进生产空间集约高效、生活空间宜居适度、生态空间山清水秀，真正实现"绿水青山就是金山银山"。引导和激励重点生态功能区实行最严格的源头保护、环境治理和生态修复制度，科学划定生产、生活、生态空间。建立以生态旅游为重点、生态工业转型提升、生态农业精品化发展的生态经济体系。在环境承载力允许范围内，大力发展以生态养生、休闲旅游、文化创意、健康服务等为重点的服务业态，培育延伸生态经济产业链。抬高工业准入的生态门槛，淘汰污染企业，积极构建生态工业链。发展生态高效农业，健全绿色农产品营销网络，打造具有竞争力和品牌影响力的农产品品牌。

二、严格推进绿色发展

人多地少水缺是中国的基本国情，必须牢固树立和践行"绿水青山就是金山银山"的理念，大力推行绿色生产模式。严守生态保护红线，进一步加大退耕还林还草的力度，扩大耕地轮作休耕试点范围，持续降低农业资源利用强度。实施农业节水工程，有效提高农田灌溉水利用系数，加快建立农业合理水价形成机制和节水激励机制。推广应用测土配方技术，减少化肥、农药使用量。落实国家农用地土壤环境质量类别划定要求，分类实施严格保护、用地管控和治理修复，让老百姓吃得放心、住得安心。

以农业供给侧结构性改革为主线，以高效生态为导向，推进现代农业绿色化、优质化、品牌化发展。应用良种良法良技，推广粮经轮作、水旱轮作等生态种养模式，实现农产品提质增效。推进畜牧业转型升级，优化养殖品种结构，积极发展优质特色畜牧业，既满足市场需求、增加农民收入，又促进生态保护和环境改善。发展洁水保水渔业，内陆地区推广循环水养殖等节地、节水、环境友好型模式；沿海地区鼓励发展浅海贝藻、鱼贝藻间养和全浮流紫菜养殖等碳汇渔业。

以国家公园、自然保护区、生态功能区、公益林区、重要水源涵养地等为依托，构建自然生态屏障。强化对重点生态功能区、生态环境敏感区和生态脆弱区的保护，增强生态自我修复能力。注重坡地、园地、经济林地坡面水系建设，有效治理水土流失。加强矿山生态环境综合整治，恢复湖泊和湿地生态，推进沿海滩涂、港湾、海岛海域和岸线的生态修复。实施小流域和清水河道治理，推行河道保洁常态化。加大对松材线虫病、美国白蛾等有害生物灾害的防控力度，抵御外来物种入侵，确保动植物资源与生态环境的协调平衡。

切实改变大量生产、大量消耗、大量排放的生产模式和消费模式，促使资源、生产、消费等要素相匹配、相适应。倡导简约适度、绿色低碳的生活方式，避免奢侈浪费和不合理消费，推进全民衣食住行游等向勤俭节约、文明健康的方向转变。以绿色家庭、绿色学校、绿色矿山等为载体，开展多层次的生态文明示范创建活动。充分利用世界环境日、地球日等重要节日，推进形式多样的宣传教育，构建起学校、家庭、社区、企事业单位和社会公益教育机构有机结合的生态文明教育体系。引导人们树立尊重自然、顺应自然、保护自然的理念，确立和倡导崇尚生态、保护环境的新风尚。

三、科学推进国土绿化美化

森林是陆地生态的主体，是生命起源的摇篮和人类生存的根基，关系到生存安全、淡水安全、国土安全、物种安全、气候安全。保护好森林资源，强化国土绿化美化，是生态文明建设的重要基础，也是乡村振兴的题中应有之义。建设天蓝、水清、山绿、地美的美丽中国，植树绿化责无旁贷。天蓝，需要森林来净化；水清，需要山林来涵养；山绿，需要树林来支撑；地美，需要绿化美化来营造。坚持人与自然和谐共生，提供更多优质的生态产品，以满足人民日益增长的优美生态环境需要和对美好生活的向往。林木是人居环境的必需品，房前屋后有树木是一种骄傲。同时，空闲时在山区林间放松，已成为一种时尚。森林食品深受居民喜爱，到山水之间享受森林氧吧、体验森林康养更是许多人的追求。

（1）推进乡村绿化建设。在切实保护好现有的各种乡村风貌的前提下，将绿化规划与地形地貌、村庄布局、产业培育与风土人情等各具差异的传统文化特质进行有机融合，全面推进村庄绿化。充分利用房前屋后各种闲置资源，诸如空地、边角地等，做好乡村庭院绿化、街面绿化和休闲绿地建设工作。针对乡村建筑的墙体、某些屋顶、部分阳台、一些坡面等可绿化的空间资源，应充分利用，挖掘可绿化空间潜力，积极推广和开展立体绿化工作，由此进一步优化广大乡村的生态环境。加强村庄道路及已有绿植带的更新与改造，包括道路改造、河道美化、缺损补齐、树种多元化、原生植物养护等。切实做好乡村周边绿化工作，重点做好乡村可视区间内的荒山荒坡造林工程，调整山体林相结构，做好农田防护林及环村树林带建设，完成以村庄景观优美、结构稳定、功能有效为特征的乡村森林生态屏障建设。

（2）精准提升森林质量建设。以充分提升森林质量和景观水平为建设目标，按照乡村区域集中管理、连片推进开发的思路，以乡村主干通道沿线、江河两侧沿线、城镇周边等多类型山体区域为重点，以多色彩健康森林布局建设为核心内容，布局建设沿江、沿海、沿山、沿湖和沿路（公路、铁路）美丽生态廊道。大力发展阔叶树、彩色树，因地制宜发展木材质量好、经济价值高的珍贵乡土树种，更好地藏富于林、蓄宝于山。采取强有力的措施，利用现代管理手段，诸如保险、认养和挂牌等，切实保护好乡村原有的名木古树，创造条件，在古树名木保护方面可以采取"一树一策"方法，对包含其中的文化内涵进行充分挖掘，想方设法讲好古树传说故事。借助乡村生态文化基地创建和生态文化乡村建设活动，创设富有村域特征的各种植物园、特色动物标本馆、科学知识普及馆、乡村特色博物馆等，逐渐完善科普游步道、科教长廊、科学知识宣传亭、科普标识牌等各类宣传教育设施，推动森林生态文化广泛传播。

（3）健全绿化长效机制。把绿化建设纳入土地利用总体规划，采取租用、流转、补助等方式保证绿化用地需求，鼓励群众在房前屋后、空闲地块、荒山荒滩等"见缝插绿"。创新乡村绿化管理养护机制，做到绿化建设与绿化成果管护并举、可持续发展与绿化载体保护并重，切实加强对农村绿化和经济林木的养护。注重对茶、桑、果等经济林的保护、发展和提升，不断完善乡村绿化管理和养护制度、长效绿化管理和养护机制以及平原地区乡村农田防护林网产权制度，以法律法规为准绳，做好乡村森林资源和绿化成果的保护。积极探索市场主体参与乡村绿化工程建设的管理模式，通过政府购买服务的方式，把规划设计、施工作业、后期养护等交由市场主体承担，切实提高绿化建设质量。

（4）发展林业美丽经济。以高效生态为导向，通过林产品品牌化和品质提升，推动以林业依托的一、二、三产业的融合发展，结合各乡村地方的资源优势和特色，大力发展林业资源直接转化商品产业，如干鲜果、油料、药材等产业，大力推进"一亩山万元钱"等新型生态种植模式，构造乡村美化、生态环保和经济价值兼具的乡村新产业，促进农民持续增收，以此带动乡村产业振兴的目标实现。在林果、林药等生态产业发展基础上，培育新型经营主体，整合林业品牌，提高产品附加值。依托优质的森林生态资源，发展山水观光、森林康养、乡村民宿、水果采摘等，增强人们对森林生态环境的享受和体验感，打造独具特色的"一村一品""一村一景""一村一韵"精品森林村庄。

四、保护修复湿地

根据中华人民共和国交通运输部公布的《公路环境保护设计规范》（JTG B04—2010）规定，"湿地系指不问其为天然或人工、长久或暂时的沼泽地、湿原、泥炭地或水域地带，带有或静止或流动的淡水、半咸水或咸水水体者，包括低潮时水深不超过 6 米的水域"①。湿地是地球上具有多种功能的独特的生态系统，在保护生物多样性、维持淡水资源、均化洪水、合理调节径流、持续补充地下水、改善气候、降解污染物和为人类提供生产、生活资源等方面，发挥着重要作用。湿地素有"地球之肾"的盛誉，具有很高的保护利用价值。如位于杭州城西的西溪湿地，经历了海侵、海退、湖泊、沼泽化的漫长演化过程，成为原始湿地，后又在人类渔耕作用下演变为次生湿地。西溪湿地自然景观秀丽、生态资源丰富、文化积淀深厚，又与杭州主城区融为一体，是城市生态绿地系统的组成部分和展示城市人文特质的重要标志。

在不同流域、不同部位发育形成的湿地，它的生态服务功能存在巨大差异。一般而言，独立存在的湿地资源是水禽类动物觅食及筑巢的重要栖息地，提供物种生长环境，缓冲洪水，对于沉积物及大量营养物质的吸收、转化及积淀也十分有利。湖泊带来的湿地除了具备前述作用外，还存在去除湖泊流域内水体中沉积物和营养物的重要功能，也是湖泊鱼类产卵和孵化幼崽之地。河口及近海与海岸湿地，还是鱼类、甲壳类水生动物的栖息和产卵区，也是为海洋鱼类提供必要营养物之地，有利于疏导洪水、稳定河岸及抵御风暴潮侵蚀。海洋岛屿湿地为沙生物种提供了良好的生长环境，并能削减海潮高能波对岛屿的冲击。泥炭沼泽具有保鲜功能，人与动物尸体埋在泥炭沼泽中可以保存数百年甚至上千年，树木埋藏在泥炭中数千年，挖掘出来后仍然能用以制作家具用品。

随着人为干扰的加剧尤其是经济发展和城市化加速，湿地生态系统遭受严

---

① 中华人民共和国交通运输部．公路环境保护设计规范（JTG B04—2010）［Z］．2010.

重损害。湿地不断地被人为污染、开垦和改造，其中的生物资源和水资源逐渐被过度利用，原有湿地中随着泥沙淤积加重，造成湿地资源不断退化，甚至消失，进一步导致水土流失不断加剧，生物多样性被破坏，物种锐减，对经济社会发展带来直接影响，甚至威胁到人类自身的健康和生命安全。为此，要下决心加大湿地保护与修复的力度，维护湿地生态功能和生物多样性。

一要实行湿地面积总量管控。严格湿地监管，确保面积不减少，生态功能不退化。经批准征收、占用湿地改变其用途的，必须按照"先补后占、占补平衡"的要求，恢复或重建与所占面积、质量相当的湿地。

二要规范湿地用途管理。合理确定湿地资源利用的强度和时限，进一步加强对取水、取土、挖砂、开矿和污染物排放、野生动植物资源利用、引进外来物种等活动的管理，避免对生态要素和服务功能造成破坏。通过退耕还湿、退养还滩、河湖清淤、疏通水源、面源治污、流域治理等措施，恢复和增加湿地。

三要实施湿地修复工程。坚持自然恢复与人工修复相结合，对功能退化的自然湿地进行整治和修复。因地制宜运用污染物清理、地形地貌修复、自然岸线维护、河湖水系连通、植被和野生动物栖息地恢复以及有害生物防治等手段，恢复湿地生态功能、维持生态系统健康。

四要完善湿地管理事权。重点加强对列入国际、国家、省级重要湿地名录的湿地的保护力度，重视对市、县重要湿地的监管，做好一般湿地的管理工作。加强湿地保护宣传教育，提高公众关注湿地、靠近湿地、保护湿地的积极性和自觉性。

湿地既有独特的自然生态功能，又有景观美学意义。要把有效保护和合理利用湿地资源与实施乡村振兴战略有机结合起来，秉持生态优先、绿色发展的理念，始终把保护放在第一位，统筹好湿地的水资源平衡和生物资源多样性，满足野生动植物生长的需要，维护生态系统。遵循保护为重、科学修复、合理利用、持续发展的思路，根据不同的湿地类型、不同的生态和文化价值，创建各具特色的湿地公园和湿地保护区，打通"绿水青山"转换成"金山银山"的通道，既为发展提供优良的生态环境，也为社会提供丰富的生态文化产品，使生态优势转化为经济优势和增收致富新途径。浙江的杭州西溪湿地、淳安千岛湖、宁波杭州湾湿地、德清下渚湖、诸暨白塔湖湿地等，是湿地保护和利用有机结合的典型。

五、打造美丽田园

整洁田园、美丽农业，是乡村振兴的重要内容。各地加快推进广大乡村的农业现代化建设，不断改善农田基本环境、不断优化农业产业结构布局，打造具有点上多出彩、面上求美丽的乡村新田园。但是，不少乡村仍然存在农业设施布局零乱、各类线杆杂乱无章、乱搭乱建各类生产性用房、不够整洁的田园环境普遍存在、随意丢弃各种固体废弃物等问题，不但田野视觉效果不美，而且影响农田产出效率。要切实解决田园环境"脏、乱、差"问题，形成比较完善的基础设施、整洁美观的生产环境、合理布局的美丽田园产业，把农业产业建设成为高端美丽产业。

（1）推进乡村田园环境洁净化建设。采取切实可行的方法集中清除存在于乡村田园中的各类垃圾积存，要重点整治丢弃于田间地头、沟渠水边的秸秆、农膜、农业投入品包装物等废弃物，加强田园日常动态保洁，进一步改善田园生产环境。积极引导乡村农业生产经营主体对已建的标准过低、功能差、不合理布局的各种农业生产设施大棚、猪栏马舍、农业生产管理用房等所有生产设施进行全面更新、维修和改造。依法拆除农业生产功能区域内的所有违法建筑和各种违法设施。所有种养大棚的新建、改建和扩建以及农业生产管理用房等设施建设，在选址过程中必须符合相关土地利用总体规划和设施农业用地使用政策，在外观设计和色彩风格安排上要与自然环境相协调。

（2）加强基础设施配套。重视乡村农田道路建设、水利与电力规划、林网布局等基础设施的相互配套，重点打造田要成方、树要成行、路要相通、渠要成网、洪涝时能快速排泄、干旱时能有效浇灌的农村新田园。结合粮食生产功能区提标改造、永久基本农田保护、农田地力提升、农村小型水利项目建设等，提高农田标准化水平。协调电力、广电和电信、移动、联通等单位，按照杆线归属和职责分工，对田园各类杆线进行合理整理、改道，有条件的要将其局部改成地下埋设，进一步净化田园空间环境。

（3）调整优化产业布局。有序推进土地流转，对农作物的空间布局进行调整和优化，努力做到品种色彩搭配合理，碎片化种植情况及季节性抛荒状况大量减少，推动农业的规模化经营和集聚化进一步发展。按照现代生态循环农业建设要求，运用统防统治、绿色手段防控、健康技术养殖、配方方式施肥等生态农业技术，持续推进减量化使用农药和化肥。科学布局种养业，合理确定养殖规模，建设一批美丽牧场、生态牧场，实现农牧有机融合。

（4）建立健全长效机制。强化属地管理责任，建立网格化的田园环境整治和保护体系。落实好管护人员、经费和职责，建立乡村农田基础设施管理养护机制和田园环境的规律性保洁机制。充分强化乡村农业生产经营单位的主体责任，将打造整洁田园、建设美丽农业与相关涉农扶持政策挂钩，建立相应的奖惩机制。

第二节　强化乡村耕地保护

人多地少，尤其是旱涝保收的优质农田紧缺，是中国农业生产面临的基本国情。保护好老祖宗留下来的"太公田"，为后代保留优质可耕的"子孙田"，是当今中国人的职责。有效保护和合理利用有限的乡村土地资源，实现经济社会可持续发展，是一项重要而现实的课题。

一、管控土地红线

根据党的十九大报告精神要求，加大生态系统保护力度，完成生态保护红线不被突破、保证永久基本农田不被侵占、确保城镇开发边界不被忽视是今后乡村振兴工作必须严格遵守的三条划定的控制线。按照国家下达的任务要求，全国各地认真做好永久基本农田的划定和保护工作。以浙江为例，全省共划定永久基本农田2300余万亩，将其中超过1000万亩的集中连片、土壤清洁、设施完善、适合规模经营和机械化耕作的平原优质耕地，划为永久基本农田示范区。国家相关政策规定，一经划定为国家级永久基本农田，任何单位和个人都不得以任何理由、任何手段占用或改变基本农田的用途。建设项目凡是涉及占用永久基本农田红线的，必须依法报国务院审批。对发现违法占用永久基本农田的，要坚决依法查处。在划定的永久基本农田范围内，继续实施高标准农田建设，加强土壤环境质量调查、监测评价和防治，确保永久基本农田土壤清洁、安全。

各地在进行城乡建设、基础设施、产业发展、生态环境保护等相关规划编制时，必须要与永久基本农田国家布局红线充分衔接，用"一张图"管控国土空间。一般乡村建设项目规划严禁占用永久基本农田示范区。重大乡村发展建设项目选址在确实无法避开永久基本农田红线时，必须在可行性研究时段，对规划占用的必要性、合理性进行严格论证，对补充规划方案的可行性进行严格审核。对国家设定的粮食生产功能区必须实行最严格的法规政策保护制度，必须将其列入限制建设区或者禁止建设区规划以内，明确规定征用或占用粮食生产功能区的乡村耕地在原则上一律不予审核批准。涉及省级及以上重大基础设施建设项目，如果确实需要征占用既有粮食生产功能区用地指标的，必须经过省级及以上农业行政主管部门的严格审核并同意。

科学划定生产、生活、生态用地红线，城乡建设用地通过实行总量控制制度，精准配置用地计划，切实阻止土地过度开发，遏制乡村建设用地低效使用。坚持用地计划差别化、精准化配置，着重保障重大基础设施、重点产业、重要民生等项目和符合绿色、转型、集约发展要求的项目。严格贯彻国家土地调控政策及产业发展政策，完善限制用地目录和禁止用地目录，严禁向资源消耗多、环境危害大、产能已过剩的项目供地。严格执行国家建设用地标准，项目建设的必要用地规模和项目安排的功能分区不得任意突破控制标准。在确保城乡建设用地总量稳定、新增建设用地规模逐步减小的前提下，引导城乡建设用地增减挂钩节余指标合理流转，促进建设用地节约集约和国土空间布局优化，更好地保护耕地特别是保护永久基本农田。

二、节约集约用地

土地要素制约，已成为一些地方特别是沿海发达地区的一个硬约束。严格控制用地增量，大力盘活土地存量，实行城镇低效用地再开发，以控制增量来倒逼存量，促进土地节约集约利用，是我们的必然选择。要清醒地认识到，以往土地上低效供给的现象是客观存在的，在以土地为重点的资源约束加剧的情况下，唯有按照党中央关于节约集约用地和供给侧结构性改革的要求，进一步调整土地供给结构，创新土地供给方式，提高土地供给的质量和效率，增强土地供给对需求变化的适应性，才能更好地保障经济社会发展和民生改善的需要。

要强化保护为先、节约集约、科学保障的理念，利用土地资源要素紧缺和生态环境容量有限的倒逼机制，高效利用国土资源，加快转变资源开发利用方式，多做存量盘活文章，精准配置新增建设用地，大力提高单位土地产出率，努力以更少的资源消耗支撑更高质量的经济增长。以提升存量土地使用效益为目标，通过分类处置、指标约束、监督考核等措施，推动城镇低效用地、批而未供土地、闲置土地等存量建设用地的盘活利用。紧密结合违法建筑拆除、小城镇环境综合治理、城中村和危旧厂房改造等工作，加大政策激励力度，深入推进城镇低效用地再开发。

探索实行农转用和土地征收预评估机制，严格执行"净地"出让要求，全面落实土地出让合同履约保证金制度和建设项目用地挂牌施工、动态巡查和复核验收制度，强化有效监管。对于批而未供土地和闲置土地量大的地区，要缩减用地计划指标，倒逼提高利用效率。以促进农村一、二、三产业融合发展为导向，以区域人均村庄建设用地规模管控为手段，大力盘活农村存量建设用地，推进农村土地全域整治。按照政府主导、统一规划、产业融合、整体推进的思路，全域开展以山、水、林、田、湖、村和产业各要素为对象的土地综合整治，通过规整各种零星耕地、撤并各类散落村居、拆旧建新乡村农房、小微企业进园区、整治各种废弃工矿企业、生态环境修复等措施，合理安排基本农田建设、农地整理、建设用地复垦和中心村建设，最终实现有序集聚乡村建设用地，集中连片开发农田、构建高效节约的土地空间利用格局，有效保障新农村建设用地需求。

三、耕地占补平衡

实行"占一补一""占优补优""占水田补水田"的项目建设耕地占用政策，是国家为有效保护耕地资源而采取的举措。占补平衡关键在于实施耕地提质改造，补足与所占用地质量和面积相当的耕地。要在垦造优质耕地的基础上，着力提升现有耕地质量，因地制宜地将旱地改造为水田，以补足被建设项目占用的耕地数量，充分落实"占一补一"政策，通过耕地质量等级提升路径，落实"占优补优"政策，通过"旱地改造水田"等方式，确保落实"占水田补水田"政策。

明晰优质耕地垦造特别是"旱地改水田"的质量要求，在基础条件、实施程序、建设标准和工作要求等方面予以明确，对"旱地改水田"的，还要求必须种植两年以上水稻或其他水生作物，以确保补充耕地和水田的质量。加强指导和协调，建立省级统一调剂平台，明确调剂程序并对调剂指标的流向进行合理调控。切实加强对跨区域补充耕地的监管，对调入、调出双方不履行调剂协议，擅自变动成交价格，不按成交价格支付资金等情况，采取相应的措施督促落实、处理到位。

注重对补充耕地调剂资金的管理，指标调入地可在确保当地垦造耕地所需资金的前提下，从耕地开垦费收入中列支调剂资金，仍有不足的，可使用其他财政资金；调出耕地指标的地方，要将指标调剂所得资金主要用于垦造耕地、高标准农田建设、耕地地力培育、新垦造耕地后续种植等，以保障耕地保护和建设任务的落实。对于重大项目新增建设用地需求旺盛而耕地后备资源十分稀缺的地方，发展所需的交通、能源、水利、国防等重要基础设施和重大战略产业等项目，积极争取纳入国家统筹补充耕地的范围。

四、保障耕地质量

耕地不仅要数量足，而且要质量优，达到旱涝保收、高产稳产的要求。要强化土地整治的全过程管理。对新补充耕地项目的立项、设计、实施、验收、报备，有一整套严格的程序和规定，以确保垦造项目新增耕地数量真实、质量符合要求。严格执行先评定耕地质量等级再验收制度和抽查复核制度，以确保耕地建设质量。项目验收合格后必须落实后续管护，期限不得少于 3 年。注重生态环境保护，防治水土流失，切实加强涉林垦造耕地监管，严禁以毁林毁山、破坏生态为代价垦造耕地。

要严格耕地质量评定。规定耕地提质改造项目的建设条件、程序和标准，从耕作、防渗、灌溉、排水等方面对水田的认定提出具体的技术指标和参数，牢牢把控工程质量。许多农田的表土肥力足、耕种条件好，理应十分珍惜。要认真实施建设占用耕地耕作层土剥离和再利用，剥离后的土壤主要用于土地整治改良、耕地质量提升和高标准农田建设等。要针对耕作层土壤养分、肥力、环境质量等指标，通过实测进行科学评价，确定建设占用耕地耕作层是否需要剥离以及剥离的厚度。

要健全耕地保护补偿机制。浙江自 2016 年起在全省建立耕地保护补偿机制，范围主要是进行粮食生产的永久基本农田和耕地。因产业结构调整而发展设施农业的耕地、非农建设占用的耕地、常年抛荒的耕地以及新垦造达不到耕种条件的耕地，均不纳入补偿范围。补偿资金由村集体经济组织和农民共享，对农民的补贴直接发放到农户；对农村集体经济组织的以奖代补资金主要用于农田基础设施修缮、地力培育、耕地保护管理等，在确保完成耕地保护任务的前提下，也可用于发展农村公益事业、建设农村公共服务设施等。

与此同时，还应采用土地适当轮作休耕、加大对被污染土壤的修治力度等方法，切实保障耕地质量，不断提升耕种能级。

第三节　科学治理江河湖溪资源

水是生命之源、生产之要、生态之基。中国的基本国情和水情是：人多水少，水资源的不均衡时空分布，水资源分布与人口及生产力不相匹配。随着工业化、城镇化发展，水资源被过度开发、粗放利用，并且污染严重。水之殇，成为民之痛；水之净，成为民之愿；水之美，成为民之盼。有效保护水资源，推动全社会更好地关心水、亲近水、爱护水、节约水，显得尤为重要和紧迫。治水要统筹自然生态各个要素，坚持山水林田湖草共同构成一个有机整体，是一个生命共同体的生态理念，把治水与治山、治林、治田、治草有机结合起来，加快构建中国特色的水生态保护、水资源利用、水安全保障体系。

一、实施综合治水工程

水环境与大气一样，作为城乡生活、生产环境质量的重要标志，日益成为全社会关注的焦点。水既有包容性，又有承载限度。污染呈现在水中，根源则是在岸上。追根溯源、分清原因，多措并举、综合施策，才能真正达到治水的实效。浙江从省情出发，2013 年起提出并实施"五水共治"，实现了水质量的有效提升与产业转型升级同步，经济社会发展与人民群众的生活环境改善共赢。

一是治理污水。明确提出"决不把污泥浊水带入全面小康"的目标要求，从治理城乡垃圾河、黑河、臭河入手，打响清河治水攻坚战，实现河面无大块漂浮物，河岸无垃圾，无违法排污口，全面消除黑臭水体。

二是防治洪水。着眼江河湖溪联动，统筹考虑流域洪水蓄泄关系、水资源利用和水生态功能维护，加快推进重要江河和重点流域上游拦洪错峰控制性工程建设，提高流域、区域调蓄能力和江河干堤防御洪水能力。

三是排除涝水。提高平原低洼易涝区域的排涝能力，加强排涝设施建设，打通"断头河"，实现江河湖海有序连通，有效提升综合排涝能力。

四是确保稳定供水。充分利用和合理开发、调配水资源，进一步提高城乡供水安全和农业灌溉保障水平。升级改造城乡供水硬件设施，强化供水质量安全管理。有序推进跨区域、跨流域引调水工程建设，进一步加强饮用水水源保护，保障城乡饮用水安全。加强地下水保护，严控严管地下水过度开发利用行为。

五是抓节水。深入开展节水型社会建设，积极推动节水型灌区、企业和公共机构等节水载体创建工作。优化供水管网布局和管理，减少水资源浪费。加强非常规水资源利用，完善再生水及雨水利用设施，因地制宜实施雨水收集和利用系统建设，加强供水和公共用水管理，实行居民用水阶梯水价和非居民用水超计划累进加价制度。

水，不仅是形成物产丰美的资源要素，也是滋养地域文化的重要源泉。中国的许多地方尤其是江南水乡，因水而兴、因水而美、因水而富，水也成为人们赖以生存的"血脉"。齐心治理水污染，共同维护水环境，既构建了人与水的和谐关系，又促进了人与人的良好互动。珍惜水、亲近水、享受水是公众的追求和期盼，也必然转化为全民治水护水、共建共享的实际成效。优质的水资源、优美的水环境、长效的水供给、安全的水屏障，其本身就是老百姓的切身利益和基本要求，也是优化发展环境的重要体现。构建党政主导、人民主体、企业主力、社会主动参与的共治共享良好格局，是治水美水的根本依托。

在全民共治共享中，要积极探索并总结推广各种行之有效的好载体、好做法。浙江省率先建立起省、市、县、乡、村五级联动的"河长制"，得到了中央的充分肯定和全国的学习借鉴。2013 年，浙江根据河道分级情况，实现"河长制"全覆盖。钱塘江、运河等跨区、市的水系，由省领导担任河长，省直有关部门具体联系，有关市、县（市、区）政府为责任主体。河长主要是起牵头作用，出面组织责任河道的水质和污染源调查工作，探索制订责任河道的科学治理方案，推动开展落实责任河道的重点工程项目，组织协调解决责任河道管理的难点重点问题，随时做好各项督促检查工作，确保水环境治理目标任务完成。各级河长的名单在新闻媒体上公布，接受社会监督。与此同时，推广河道巡查员、网格员和河道警长等制度，探索建立小微水体"河长制"和"近海湾（滩）长制"，全面加强水治理、全域改善水环境、全力提升水生态。各地还通过治水设施第三方运行维护、以村规民约落实门前"三包"责任等形式，推进河道保洁专业化、制度化、社会化，有效促进了水环境优化、河湖管护机制健全和水资源管理的加强，走出了具有浙江特点的治水新路。

二、把治污作为重点工作

（1）努力提升治污能力。按照控源截污、内源治理，活水循环、清水补给，水质净化、生态修复的技术路线，全面整治城乡黑臭水体。严格落实垃圾河、黑河、臭河整治和复查机制，定期开展评估，对出现水体污染问题反弹的河道，及时责令相关部门限期整改，并严格实行挂号和销号机制。大力推进以小沟、小渠、小溪、小池塘为主体的小微水体整治和责任制落实，不断提高人居环境质量，基本消除小微水体感官污染。加强城乡污水处理能力和配套管网建设，提高污水处理的有效比率、污水处理工厂的运行负荷比率和污水处理后的达标排放比率。切实注重排水管网与污水集中收集管网的正常养护，下大力气解决污水管网的渗漏、破损、错接、混接等各种突出问题，加强雨水管网与排污管网的分流改造工作。

（2）积极实施河道清淤工作。针对淤泥成分与水域特点在不同地区、不同河流的实际情况，科学合理地选用对应的清淤方式，实施生态方式清淤、淤泥科学脱水、垃圾合理分离、余水生态式循环处理一体化管理，提高清淤工作的科学化水平。加强河道淤泥的科学清理、合理排放、安全运输、生态处置的全过程管理，通过土地复垦、园林绿化、培堤固塘、制砖制陶等途径，提高淤泥资源化利用水平，有效避免二次污染。通过建立轮疏工作机制安排，全面实现河湖库塘淤疏理的动态平衡。

（3）大力加强重点污染整治。以酸洗法、砂洗法、氮肥制造、有色金属加工、废塑料回收加工、农产品加工等对水环境影响较大的行业为重点，开展专项整治工作，快速淘汰落后工业产能的企业，坚决关停和整治分散与广大乡村地区的污染问题严重的"低小散"企业。集中治理工业园区水污染，所有园区按规定建成污水集中处理设施，并安装自动在线监控装置。加强对入河排污口特别是工业生产排污的监管，规范排污口设置，全面清除非法或不合理设置，对私设、偷排的排污系统，要依法依规严查重罚。推进畜牧业转型升级，深化农业面源污染治理。

三、大力强化防洪排涝设施建设

以统筹的理念和综合的手段，提升防洪排涝水平。

突出"上蓄"。在流域上游科学选址，建设大中型水库，增强拦洪错峰的能力。加强对已建控制性工程设施的安全鉴定，做好除险加固，确保水库、山塘的安全运行。

稳固"中防"。完善流域区域防洪封闭，提升江河干堤防御洪潮的综合能力。加快独流入海河流治理，推进海塘加固建设。实施圩堤加固和配套水闸、泵站更新改造，提高平原低洼易洪地区的防洪能力。

强化"下排"。切实加强下游特别是平原近海地区的排涝设施建设，推进平原骨干河道的综合治理，提高排洪下泄和通江达海的能力。围绕城乡内涝防治，加快易涝积水区域改造，努力消除易淹易涝片区的内涝现象。加大改造雨水管网、清淤排水等工程的力度，构建较为完善的防水排涝体系。保护自然河流水面，严禁围湖造地，推进海绵城市建设，综合采取各种措施，最大限度地实现雨水的自然积存、渗透和净化，提升排水防涝能力。

四、坚决维修护理水生态环境

河湖水体恢复洁净清澈，需要精心调理和合理修复。综合考虑江河湖溪海的相互关系，统筹水安全、水生态、水景观、水文化等，实施水系连通，提升生态综合功能。切实重视小流域和中小河流治理，实现水清、流畅、岸绿、景美，既促进农村人居环境改善，又为发展乡村休闲旅游创造条件。

河流保护和治理，要尽量借助大自然的力量，少用工程性措施，减少人为干预。

一要曲直适宜。河流由于水力变化、植物生长和地形条件等，深浅不一、蜿蜒曲折，这是经数百上千年自然形成的，简单裁弯取直会破坏河流原貌，给生态带来影响。

二要宽窄适宜。天然的河流因为宽窄变化和转折弯曲，会产生漩涡，形成深潭和浅滩。深潭在丰水期是洪水消能之处，在枯水期又是水生生物生存繁衍的天然场所。浅滩是典型的湿地，既能体现应有的功能，又能令人感受到大自然的美丽造化。

三要高低适宜。不少河道溪流缺乏美感，问题就出在堤坝的高度把握上。堤坝一高，硬化不可避免，占地多、投资大、亲水性也差。中小河流堤坝可建得略低，但要建牢，洪水来时允许漫顶过坝，但不能垮塌。

四要粗精适宜。流域上游建设尽量以粗犷为首选，利用自然资源条件顺势而为，体现原生美。下游特别是人口集聚河段，要注意做得精致些并融入人文，有条件的可建亲水设施、沿河绿道，展现河流美感，吸引人们憩息。在河道绿化过程中，注重多用本地树种，多保护自然滩林，多顾及杂草自然生长。如不顾客观实际过度"造景"，则既毁坏生态河流原貌，又影响整体视觉美感。

现实中，不少地方为了行洪或造地需要，往往对河流不作深入分析论证，人为地裁弯取直，建设左右对称、头尾封闭、又高又硬的堤防。而且工程所到之处，滩林被砍、滩地消失，河道变成了"渠道"，洪水归槽，水位不断上涨，不仅影响行洪防洪功能发挥，而且导致自然生态难以修复。在水生态保护、水环境治理过程中，一定要尊重自然，按规律办事。对形态尚好的河流，尽量予以保护和维系；对已受损的河段，尽可能努力修复，展示其自然生态风貌。

第四节　发展生态循环农业

生态循环农业，是充分遵循可持续发展思想、运用循环经济理论和生态工程学方法，以减量化、再利用、资源化为原则，以资源高效循环利用和生态环境保护为导向，通过调整和优化农业生态系统内部的生产、消费结构，建立起促进农业经济增长与生态环境质量提高的动态平衡机制，旨在减少资源消耗和环境污染，实现农业经济活动与生态良性循环的可持续发展。生态循环农业具有资源投入高效化、生产过程清洁化、废物利用循环化、环境影响无害化等特点。我们既要着眼长远、统筹谋划，又要立足当下、积极推进。

一、转变农业产业生产方式，控制源头基础

一是培育实施和带动主体。鼓励种养大户、家庭农场、农民专业合作社发

展生态循环农业，进一步引导和支持从事工商活动的企业、各类民间资本、社会力量投资生态循环农业开发，加快形成"四位一体"① 的以生态循环为特征的农业组织体系。

二是改善农业生产条件。支持发展设施农业，把丘陵山地、沿海滩涂等资源利用起来发展设施栽培，扩大基质栽培、喷灌滴灌、肥水同灌等有利于发挥节地、节水、节肥设施的应用，从而实现土地利用的提高和产出效率的提升。增加节能降耗先进适用农机具的应用力度，把工程、农艺和生物等各种措施进行综合运用，提升耕地质量，加强农田水利基础设施建设。

三是大力推进清洁生产。优化农作物用肥结构，积极推进测土配方施肥流程，鼓励增施有机肥，控制和减少化肥运用，提高科学施肥水平。加大高效、低毒和低残留的生态农药的应用力度，对农作物病虫开展物理和生物防治法，减少农药用量。扩大农业标准化技术覆盖面和到位率，做大做强无公害农产品、培育壮大绿色食品和各种有机食品产业，提高农产品优质化、绿色化水平。

四是推进农作制度创新。把用地和养地相结合的原则坚持到底，在休耕制度方面进行深度探索，积极实施保护性耕作，保护农业生物多样性。把农牧结合生产模式进行大力推广，加快构建粮经轮作、水旱轮作等实用、高效、生态的农作制度，改良农田自然生态系统。

二、优化产业结构，提高综合效益

依据产业相互融合的原则、遵循物质多级循环的科学要求，重点培育好生态循环农业的重点产业。

一是把生态畜牧业的发展进行合理布局。按照科学的种养结合、废物的回收利用、循环利用资源、协调发展的思路，划定畜禽禁养区、限养区范围，对

---

① 四位一体：以农业龙头企业为主导、农民专业合作社为纽带、专业大户和家庭农场为基础、社会力量为补充的农业组织体系。

种养业布局进行科学规划、控制好畜牧业总量规模。以规模化、生态化为方向，大力推广以农牧结合为特征的生态养殖模式，实施规模养殖场标准化改造提升，促进畜禽排泄物向集中治理转变，提高资源化利用水平。

二是发展生物质产业。以农业生产过程中产生的废弃物资源化利用作为主要生产方向，积极推进废弃物肥料化、基地化、饲料化和燃料化利用，力争把生物质产业做大做强。做好食用菌的产业结构调整优化，把草腐类食用菌生产作为优先发展方向，大力促进综合利用农作物秸秆固化、气化作业，开发生物质能源，培育生物质燃料、肥料、饲料等以农作物秸秆为核心原料的新型乡村产业。大力发展利用农村各类废弃物进行无害化处理的产业，对这些废弃物进行资源化利用。

三是发展培育农产品精深加工产业。积极引导乡村已有的农产品加工企业利用产业合作形式和资产重组等路径，开展"提升档次、扩大规模尝试"活动。鼓励利用农产品加工下脚料和农业废弃物，开发生物蛋白产品、生物饲料以及生物原料，推进农产品的多层级利用探索，减少在加工环节的浪费和生产后的废弃物排放。推进农产品加工园区建设，促进具有上下游共生关系的农副产品加工废弃物的闭路循环和综合利用。

三、不断推进科技创新，持续强化技术支撑

一是做好相关技术标准体系的构建与完善工作。根据不同模式的生态循环农业特征情况，快速形成集产地环境、生产过程、产品质量、加工包装、废弃物利用、经营服务于一体的技术规范与标准体系，把生产、管理和服务进行有机组合，建立具有绿色技术的支撑体系，促使生态循环农业的发展做到真正有标准可依、有章可循。

二是技术集成攻关工作要不断强化。特别是在支持生态循环农业发展的各个关键领域和核心环节，要加大技术攻关力度和强度，把节约农业发展资源和保护生态环境方面的生态农业技术、农产品精深加工技术、相关产业链接技

术、立体复合的农作制度、可再生能源开发利用技术以及废弃物综合利用技术作为研究重点，力争有新的突破，使整个农业生产全程涵盖生态循环农业技术。依托现代农业科技创新平台，加快技术集成配套的推进，形成传统实用农业技术与现代化信息工程技术、现代先进的生物工程技术、现代先进的环境工程技术等有机结合的新的技术体系，为生态循环农业走上可持续发展之路提供强有力的支撑。

三是强化新型农业生产技术的应用推广。首先，对相关人员进行分级分类的技术培训，进一步扩大生态循环农业技术在农业生产领域的覆盖面。其次，采取有效措施，鼓励和支持县、乡（镇）、村的基层农技人员主动以农业创新基地、科技示范场、农技推广项目等为载体，大力展开生态循环农业技术的各种试验和示范。最后，做好新型农民的培育工作、绿色证书的培训工作和科技直接入户等工作，以专业大户、家庭农场、合作社、农技服务组织技术骨干和"农创客"等为重点，尽快培育一批又一批能够经营生态循环农业的有头脑的科技带头人，让他们进一步带动生态循环农业技术在普通乡村中的应用、示范和辐射推广。

四、完善生态循环农业的经营服务，落实好组织保障工作

生态循环农业是一项系统工程，具有横跨多种产业和多种主体的特点，涉及产业的各个环节和多个领域，因此健全生产经营服务是支撑生态循环农业健康发展的最重要内容。

一是强化农业生产专业化服务。具体包括针对科研机构、技术人员和专业组织的全方位大力鼓励及支持，通过多种方式开展农业生产资料供应、农田的肥水管理、作物病虫害防治等专业化服务，提高先进适用技术在生态循环农业经营中的到位率。

二是做好农业废弃物的再生利用服务。做好这项服务，必须遵照政府支持为主、市场运作为辅的思路原则，鼓励社会力量积极参与创办农业废弃物的再

生利用服务专门机构，为乡村生态循环开展农业废弃物的收集处理、加工制造有机肥、农产品加工余留的废弃物综合利用、回收利用农业废旧设施等服务，一步步完善再生利用服务网络和废弃物再利用产业化经营机制，为生态循环农业的可持续发展提供更为有效和更加便捷的服务。

三是进一步完善和推广农村沼气服务。遵循专业化服务和物业化管理的原则，鼓励能提供沼气建设的企业与农户等组织、机构和主体，通过协会带领、个体户承包以及股份合作制度等多种运行机制，共同建立农村沼气服务组织，构建遍布乡村的沼气建设与维护服务网点，为乡村沼气用户提供全面的建池施工、使用和维护技术指导以及其他运维等服务需求。

第五节　保护海洋生态资源

海洋是地球的资源宝库、生态屏障，具有开放性、流动性、末端性等特点。海洋生态环境既受地理区位、自然条件等因素的影响，又与人类活动、管控水平密切相关。中国海域辽阔，海岛众多，海岸线漫长，沿海地区许多农（渔）民生活在海岛，与大海为伴。保护海洋生态环境，既是实现人海和谐共生的根本要求，也是推进沿海乡村振兴的应有之义。

一、筑牢海洋生态安全屏障

贯彻人与自然和谐共处的基本方略，按照陆海统筹、人海共生的原则，充分尊重海洋自然属性，顺应海洋自然规律，坚持开发和保护并重，污染防治和生态修复并举，在科学保护的基础上合理开发利用海洋资源，维护海洋自然再生产能力。以实现海洋生态环境质量的整体提高为根本，以维护海洋生态系统为导向，以海洋资源环境承载能力作为刚性约束，科学划定和实施海洋空间红线。构建以重要生态功能区为基础，以海岸线为轴，以生态保护红线、海岛（链）等为支撑骨架的海岸带生态安全格局。以海洋基本功能区划为基础，形成与资源环境承载能力相适应的开发利用布局。加强海洋综合管理，实行海洋、海水、海岛、海滩、海岸的系统协同保护，努力实现"水清、岸绿、滩净、湾美、物丰"的美丽海洋目标，满足人们对碧海蓝天、洁净沙滩、放心海产品的需要。

二、划定海洋生态保护红线

在国家明确要求实施海洋生态保护红线制度规定的范围内，确保沿海各省（区、市）海洋生态红线区面积占所管理海域总面积的比例不低于30%。要从实际出发，按照相关规定把各地重要的海洋功能区、特别的生态脆弱区和特殊的生态敏感区都划定为需要重点管理的海洋生态红线区，特别要重点保护某些重要的岸线、重点的滨海湿地、某些特殊的海岛、具有重要意义的历史文化遗迹和特别珍贵的自然景观以及濒危珍稀生物物种等。切实加强红线区管理，在建设项目环境影响评价、排污许可、入海排污口设置等方面严格落实管理要求，严守海洋生态空间面积不减少、性质不改变、功能不退化的底线，维护海洋生态系统的稳定性和功能性。浙江已划定1.4万余平方千米的海域、740多千米的大陆自然岸线、4400多千米的海岛自然岸线，按禁止类和限制类进行管理，严禁随意改变用途，实施最严格的管控措施和海洋环境标准。一旦发生非法越线行为，坚决依法依规追究责任。

三、强化海域管理和海岸线保护

依据海洋空间规划，加强海域尤其近岸海域的管理。实施最严格的围滩涂填海造陆管理，取消区域建设用海、养殖用海制度。除国家批准的各类重大建设项目、重要的公共基础设施、关键的公益事业和重要国防建设四类用海外，一般不再审批普通性的填海项目。严格海域使用论证评审，实施围滩填海

"空间"和"用途"双重限批,进一步加强围填海事中、事后监管。制订海洋自然岸线保护计划,严格把自然岸线保有率归入工作考核,不达标的一律不能申请新的用海规划。制定出台严格的海域使用权有偿转让等管理条例,开展海域资源转化为海洋生态资产过程的管理试点,从政策和收费标准上从紧从严加强海域管理和岸线保护。

四、加强海岛保护与生态修复工作

通过发布海岛保护名录等措施,对海岛生态状况与发展水平进行科学评价,进行海岛物种的登记,加强对领海基点岛礁的生态修复。突出生态保育、景观修复、宜居宜游、权益维护,改善海岛生态环境和基础设施,恢复受损海岛的地形地貌和生态系统。依法保护和管理海岛生物物种,开展珍稀濒危物种栖息地修复。进一步加强滨海湿地保护,因地制宜在浙江以北滨海区域修复以芦苇、碱蓬、柽柳为主的湿地植被;在浙江及以南滨海区域,修复以红树林、海草、盐沼植物为主的湿地植被。鼓励通过受损海域修复等方式,将部分建设用海空间转化为滨海湿地并实施有效保护。发布重点保护滨海湿地名录,出台管理办法,对重点湿地实施保护和监管。

五、通过科学规划维护海洋生物多样性

丰富的水生生物资源和良好的水域生态环境,是维护水生态系统的核心。科学划定和坚决落实海洋限捕、禁捕区域,执行国家统一的伏季休渔制度。持之以恒地清理取缔涉渔无船名船号、无船舶证书、无船籍港的"三无"船舶,清缴违禁渔具,严厉查处偷捕违法案件。推进海上渔船减量转产,切实降低捕捞能力,扩大限额捕捞试点,强化对幼鱼资源的保护。浙江率先开展"一打三整治"(即打击涉渔"三无"船舶及其他各类非法行为,整治"船证不符"渔船、禁用渔具、海洋环境污染),取得显著成效并在全国推广。全面清理非法养殖,减少和治理因网箱养殖、围涂养殖、工厂化养殖带来的污染,积极发

展生态轮养、循环水养殖、净水渔业，把海水养殖场建设成为美丽渔场、海上景观。有序加大海洋水生生物苗种增殖放流力度，促进海洋生物资源修复。坚持生态优先、开发和保护并重，推动海洋牧场建设。加强海岛海港生态环境整治，开展油污水、废弃网具、生活垃圾等的集中处理和港域清理，既有效减少对海洋生物的不利影响，又有助于打造生态良好、环境优美、魅力独特的海上美丽渔港。

六、通过陆海联动加大对海域污染治理力度

做好近岸海域的水质考核，以总量控制为抓手，加强陆海统筹、河海并治、区域联动，实施海域污染综合治理。突出重点海域和典型近岸，健全污染总量控制制度。强化入海河流监管，实现近岸海域、陆上污染源防控的衔接一致。全面摸排入海排污口，加强监测和监管，清理不合理设置的排污口，严厉打击非法偷排行为。防控因海洋石油勘探开发和海上运输等而引发的次生污染，加强海上废弃物倾倒过程的跟踪监测和监督管理，提高废弃物减量化、无害化、资源化处理能力。加大整治临海重污染高能耗行业的力度，抓好减排计划的落实，使沿海传统块状经济尽快向现代化产业集群经济转型。加强陆海污染源的调查和控制，推行"湾长制""滩长制"等制度，分层分级落实监管责任。

海水是流动的，海洋是连通的。因此，海洋治理需要坚持海洋全球治理观念，打造海洋利益共同体。想方设法提升中国在国际海洋协定的政府间谈判过程中的拥有的话语权，深度参与极地、深海、海洋保护、海洋脱氧和海洋垃圾等各项议题的国际规则的讨论与制定。加强以海洋为主题的国际合作，妥善处理海洋争端。与相关各方共建蓝色伙伴关系，共同推进当代"海上丝绸之路"建设。参与做好全球海底合作区资源勘探与开发、新资源海底探矿、深海环境监测与保护和公海保护区调查，为全球海洋生态环境的保护和资源的有效利用贡献中国智慧。

第六节　全面科学整治乡村环境污染

随着工业化、城镇化的推进，乡村在经济得到发展、住房更为宽敞、出行更加方便的同时，也面临废弃物剧增的问题和日益严重的环境污染压力。要积极创造条件，加大乡村工业污染和建筑垃圾整治，做到农村生活污水、生活垃圾集中处理全面覆盖，有效减少种植养殖面源污染，全面推进乡村环境治理。

一、整治乡村传统工业造成污染

在发展过程中，乡村工业"低小散差"的情况是客观存在的。曾经，"黑烟滚滚""扬尘飞舞""污水横流""垃圾遍地"几乎就是乡村加工制造业的代名词。必须下决心整治工业污染，实行"培育一批领跑企业、提升一批较强企业、集聚一批小散企业、消减一批危重企业"的思路和举措，开展工业特色产业集群转型升级，鼓励中小企业集中进入工业园区，加快高耗能、高污染企业关停并转，坚决消灭农村低端制造企业、传统加工企业的路径依赖，恢复和保护乡村的绿水青山，实现可持续发展。

二、减少乡村建筑造成的垃圾

进一步完善小城镇和乡村建设规划，科学确定城乡开发强度，优化村庄和人口空间布局，全面推进乡村生态人居、生态环境建设。大力推行绿色建筑，倡导使用节能、节水新技术、新工艺、环保装修材料、新型墙体建筑材料，开展现有建筑的节能节水节材改造。合理引导农民的建房需求，不搞脱离实际的高楼大院，不搞缺乏特色的过度装修，不搞花样翻新的重复建设。下大决心拆除小城镇和乡村违法建筑，大力推进旧住宅区、"城中村"、旧厂区改造提升，有效整治城乡环境"脏乱差"现象，打造干净整洁、生态宜居、充满活力的风情小镇和美丽乡村。

三、防控农业种养带来的污染

为大力提高有限土地的产出率，增加农作物产量，中国乡村在较长期里一直采用一年多熟的农作物种植方式，并大量使用化学肥料和农药。如浙中种植模式使土地的承载能力受到了严峻挑战，最终造成了种植业资源的普遍污染。养殖业也同样如此。因此，要持续推进化学肥料和化学农药的减量化使用，增加使用效率，大力提升农业生产投入品的效用，加大农田残膜和肥药废弃包装物回收处理的力度，减少农业投入品带来的污染。调整优化畜牧业布局，严格执行禁养、限养制度，对规模化养殖场进行标准化改造。全面禁止秸秆焚烧，减少农村废气污染。推行循环水养殖，减少尾水排放，深化水产养殖污染治理。大力倡导和鼓励发展种养结合、农牧结合的生产方式，促进农业废弃物的资源化循环化利用。要树立"放对了地方是资源、放错了地方是污染"的理念，鼓励和支持不同形式的农业生产经营主体加强对接互通，拓宽资源化利用的渠道，提高实际使用效率。浙江湖州吴兴区农民创造的"稻草换羊粪"模式，既找到了处置水稻秸秆和羊群排泄物的出路，有效防控了农业面源污染，又让稻田追加了农家肥，且羊群得到了饲料，不仅降低了生产成本，还提升了农产品的品质，可谓是一举多得。

四、全面清理乡村生活污染

全面加强城镇和村庄污水处理能力和配套管网建设，提高污水处理率和达标排放率。对城镇周边和平原人口密集的乡村，实行就地纳管处理；广大农村可采取生物滤池、微动力"厌氧+人工湿地"、一体化净化设施等方式处理生活污水。建立和完善污水处理设施第三方运行机制，全力提升乡村生活污水截污纳管和运维管理水平。培养村民的垃圾分类习惯，采取可行的分类方式，推进农村垃圾分类和综合利用,实现"户装、村收、镇运、县处理"全覆盖。以中心村为重点,扩大农村垃圾分类减量化试点,着力拓展成果,实现生活垃圾分类收集、定点投放、分拣清运、回收利用。加强对乡村污泥从产生、运输、储存到处置的全过程监管,提高污泥无害化处置率。强化"门前三包"、分区包干、定责定酬、考核兑现,建立健全村庄环境卫生的长效保洁机制。

第七节 广泛挖掘并护理乡村古文化遗存资源

乡村文化是中国丰富的传统文化的非常重要的组成部分。中国快速城镇化导致了乡村文化遭到不同程度的破坏,很多乡村的各种非物质文化遗产正在逐渐消失。原因是多方面的,有现代化进程加快的冲击,也有对传统文化疏于管理、不健全的文化保护政策、不到位的监管制度、政府资金的严重投入不足等原因。生态文明建设,包含了乡村传统文化的挖掘与开发,大量的乡村传统文化的产生与延续是基于中国长期的农耕文明,乡村传统文化既有物质的、精神的可视文化实体,诸如自然风光、传统建筑、风土人情、农耕器具、生活方式、歌舞艺术、民族服饰,也有表现为文化意识的存在,如忠孝观念、古典诗文等。所谓"记得住乡愁"就是要让子孙后代记住乡村精神,留得下绿水青山,又能传承好传统乡村文化。因此,运用科学的方法保护乡村传统文化遗存,是对乡村振兴的贡献。

一、强化政府责任,加强思想教育

乡村传统文化在一定意义上具有公共产品的属性,关系到公众的公共利益,因此地方政府有责任通过一定的规划设计,引导和约束各界参与到乡村文化遗存的保护工作中,同时通过相关规制,抑制对乡村文化产业发展中日益普遍的过度商业化开发。运用大力宣传和广泛教育等方式，让广大的乡村居民积极参与到对乡村传统文化遗存的保护中，强调不能破坏乡村文化肌理和建筑风貌，坚持对村民的教育引导，在实践中与保护制度相结合，高度重视保护乡村异质性文化特征，使乡村能够保持对城市的可持续的吸引力，从而让传统乡村文化继续活在每个人的心中。

二、构建多元化投资体系，加大保护乡村文化的资金投入

资金是乡村古文化遗存护理的关键。在现阶段，政府要发挥资金投入的主导作用，但同时要想方设法引导其他社会资金投入到乡村文化的护理中，这需要构建多元化的投资体系。具体而言，一方面，探索如何加大"政府买单"的投入力度，尝试如何把对民间文化基础建设投入以及对民间文化艺人的资助等资金需求纳入到地方财政预算体系中，并力争预算额度的逐年增长。另一方面，可以通过深化金融创新，开发更多新的金融产品，搭建吸引金融资本进入乡村传统文化传承保护的制度平台；可以通过乡村产权制度改革，激活农村生产要素，引入社会资本，拓宽投资渠道，构成财政资金、金融资金、社会资本三位一体的资金投入机制，或鼓励社会资本以合资、独资或买断经营权等资金投入方式投入乡村文化护理的多元化乡村传统文化传承保护的投资体系，从而保证保护乡村文化资金投入量。

三、挖掘培育本土人才，重视人才引进

人才是护理乡村古文化遗存的保障。很多乡村古文化遗存是通过乡土人才而遗存下来的，所以，挖掘和培育本土人才本身是护理乡村古文化遗存的重要内容。另外，也要重视外部人才的引进，以加强文化传承力度的供给，鼓励乡村传统文化业余团体在外部引进人才的多方帮助和支持下进行创新发展。由于乡村文化传承和保护具有很强的专业性，从这一角度理解，也需要开拓性培育和引进人才，以弥补因为乡村人才大量外流而带来的人才"断层"现象。重

视人才引进，需要构建良好的工作条件，提供有效的人才工作保障，建立引进人才稳定的合作机制和激励机制，以使从事乡村传统文化传承保护的专业人才进得来、稳得住、有作为。

四、保护与创新相结合

护理乡村古文化遗存不是重建也不是守旧，而是坚持保护与创新相结合的原则。保护主要是对乡村的历史文脉，如古建筑、古籍、古书、古迹等必须做到修旧如旧，突出乡村特色；创新主要是对于这些乡村古文化遗存的开发利用要赋予新的内容，要和当代精神相结合，积极鼓励文艺工作者，在保留传统形式的基础上，从乡村实际出发，持续推出与当代中国新生代农民生产、生活与传统文化相互紧密契合的新作品，充分展现新时代各地乡村振兴战略实施所取得的良好成果。农民和农村社区是乡村传统文化的承载主体及利益主体，乡村文化保护的核心是对农民和社区赋权赋能，使其能够在政府、社会组织、外部专家的帮助下成长为乡村传统文化传承保护的利益主体和发展主体。另外，要引导和鼓励通过农文旅融合模式，依托绿色农业和乡村旅游双向突破，把乡村传统文化保护与推进乡村现代化发展有机结合，使乡村传统文化传承保护的内生动力逐渐增强，完成对乡村古文化遗存护理的自循环系统的构建。

第四章 乡村生态资源经济价值开发路径之一：生态资源资本化

第一节 乡村生态资源资本化实质与演化逻辑

张文明等（2020）研究发现，所谓乡村生态资源资本化实质是一个基于乡村生态资源所包含的资源内在价值被人们认识、利用、开发、运营和投资的保值及增值的过程。乡村生态资源演化成生态资本一般遵循"生态资源—生态资产—生态资本"的演化路径（见图4-1）。乡村生态资源在不同演化阶段具有不一样的价值表现形态，正是乡村生态资源表现形态和价值的连续变化，才使得乡村生态资产最终实现了增值效应。乡村生态资源演化成生态资本主要经历了乡村生态资源演化成生态资产、乡村生态资产演化成生态资本、乡村生态资本进入市场可交易三大阶段（张文明，2020）。

乡村生态资源由于具有自然属性，因而成为人类必须拥有的生态产品和生态服务的供给因素，又因其稀缺性而转化为生态资产。生态资源的最初状态属于人类活动的公有资源，随着环境变化，由国家公权力给予强行界定，而能够

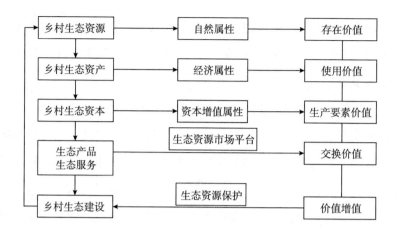

图4-1　乡村生态资源资本化演化逻辑

资料来源：张文明 . 生态资源资本化研究［M］. 北京：人民日报出版社，2020.

给投资主体带来一定的收益而转化为生态资产。乡村生态资源资产化后，与一般资产一样具备了潜在的市场价值或交换价值，是财富或财产的组成部分。但生态资产与其他一般资产相比更加强调乡村生态资源所具备的经济属性，将乡村生态资源所包含的使用价值赋予货币化表征，为人类的生产和生活提供清晰的经济效益。生态资源演化为生态资产后，能够确保乡村生态资源的所有者及其拥有的权利不受损害，并有效管理和保护乡村生态资源。

生态资本可以定义为产权归属于某个所有者并能够通过一定途径实现价值增值的某些生态资源，主要包括资源总量、环境质量与自净能力、生态系统的使用价值和能为未来某个时候产出使用价值的有潜力的生态资源等。乡村生态资本在未来是能够产生一定量现金流的生态资产。生态资本与其他资本一样具备增值属性，生态资本自身的可持续增值。通过不断的循环来实现。乡村生态资产演化成生态资本需要经过两个步骤，首先盘活乡村生态资产，使其成为增值资产，其次通过资本运营手段实现其价值，成为生态资本。乡村生态资本作为乡村产业发展的一种生产要素，在资本逐利本性的支配下一旦投入到某种社会生产活动中，在社会生产过程中与其他生产要素相互结合就能生产出特定的产品，再通过把这些产品置于市场上进行出售，就能以交换价值形式（产品价格）实现其资本价值。

生态资本的可交易化指生态资产转化为生态资本后进入资本运营阶段后的一种具体表现形式。乡村生态资源价值通过生态资本运作逐步转化到生态产品或生态服务中，并将其置于市场交易过程中，就能形成交换价值。这一过程实质是把生态资源所含有的要素价值逐渐转化为交换价值的过程，只有把生态资产通过一定的途径转化为生态产品或生态服务产品，才能最终体现生态资产的价值。生态资本运营有多重目标，其中目标之一是确保生态资本的保值，也即在生态资本运营过程中必须保证各要素存量不减少，流量上的分配结果更具良性，结构性上更加合理，整体生态资本价值不能有所降低。生态资本运营后结果的另一个目标是确保实现生态资本的增值，也就是通过生态资本的有效运营，最终确保生态资本货币化结果，获得远高于常规经济活动所带来的经济收益，提升经济发展的整体水平，同时反过来能促进生态资本更好地管理和良性发展。生态资源转化为生态资本还体现在生态产品和服务经由市场交易、金融创新以实现生态资产要素价值的交换，这是生态资本的运营过程。通过生态资本的合理运营能形成一定的生态资源市场，其是生态产品和生态服务产品价值实现的一个重要平台。生态资源市场平台机制的形成可以促使投资者将已经实现的生态资源价值收益中的部分收益用于生态资源的保护、生态治理技术的改进或者生态资源环境耗损的修复费用，以此进一步提升未来生态资源价值的存量和供给量。生态资源的可持续价值增值使得可持续生态建设目标成为可能，并进一步与生态资源可持续供给形成循环发展路径。

第二节 乡村生态资源资本化特征①

关于乡村生态资源资本化的特征，不同的研究者有不同的阐述，本书引用张文明等在《生态资源资本化：一个框架性阐述》一文中的阐述。他们把生态资源的资本化特征概括为五个方面：

一是生态资源的资本化以界定明晰产权为基本前提。如果产权边界界定不清的生态资产，其资产的范围和数量就不能精准确定，资产的价值就无法具体量化，最终无法构成现实的生态生产要素。

二是生态循环利用技术的广泛应用，对于让生态资产顺利转化为生产要素、凝结为生态产品或生态服务来说，总是起着重要作用。

三是生态资源转化为生态资本的演化过程中具有时间上的先后相继特性，因为厘清生态资源的产权的过程有显著的前后相继性。

四是生态资源演化为生态资本的过程的具有空间并存性。生态资源的资产化和生态资产的资本化过程不是呈现为两条平行线，而是在空间上相互交叉和联系。生态资源资产化以生态资源为物质基础，生态资源资本化以生态资源和生态资产的产权为其价值增值的前提，产权的价值增值反过来影响着对生态资源价值的客观评估，两者相互关联。

五是体现生态资源价值演变的内在逻辑具有不可阻断性。生态资源转化为生态资本一般以生态资源作为其物质基础，通过界定产权后，再对生态资源进行进一步的量化评估，实现生态资源向生态资产的顺利转化，利用对生态资本的消费及其形态的变化，通过生态产品和生态服务实现生态资本作为生产要素价值增值的一系列市场投资活动。

---

① 张文明，张孝德. 生态资源资本化：一个框架性阐述 ［J］. 改革，2019 (1)：122-131.

第三节 乡村生态资源转化为生态资本的主要路径

从中国各地的乡村生态文明建设实践探索经验中可以看出，乡村生态资源转化为生态资本的实现路径多种多样，很难进行严格归类。生态资源转化为生态资本的路径本质上是"绿水青山"转化为"金山银山"的实现路线，这一路线从生态资源交易内容上可以概括为两条，即一条是直接转化路径，另一条是间接转化路径。直接转化路径一般是通过将乡村生态资源的各种优势转化为一定的生态产品形式并可直接进入市场交易而获得价值；间接转化路径一般指需要经过将乡村的各种生态资产先进行优化配置，通过组合绿色产业、嫁接金融市场工具等间接方式实现生态资源价值的保值和增值。

一、乡村生态资源资本化的直接转化路径

从中国各地乡村生态资源资本化的成功实践经验中可以看到，直接转化路径可以分为两种方式：一是生态产品的直接交易方式；二是生态产权权能分割方式。关于这两种形式，许多研究者提出了各自的看法。

张文明等（2019）认为，乡村生态产品的直接交易作为乡村生态资源资本化的转化路径主要是利用乡村生态资源能够直接产出生态产品的能力，通过持续挖掘其中新的生态生产要素，再把挖掘出来的新生态生产要素与其他生产要素相互结合，进一步生产出能够满足人们对绿色消费、有机消费的新型生态产品需求，通过直接在生产者和消费者或者加工者之间进行交易获得价值，从而达到将乡村生态资源使用价值直接开发转化为交换价值，进入生态市场实现资产增值。

一个典型的生态产品直接交易的技术路线是为应对气候变化背景下形成的

林业碳汇。碳交易市场是运用资本市场解决碳资源需求的一种重要形式。乡村农民可通过参与联合国清洁发展机制碳汇项目和中国在建的碳排放市场交易，实现其生态产品价值。生态产权权能分割是将乡村生态资源的所有权、使用权、收益权等权能在交易双方按照国家法律规定达成一致情况下实现权能分割交易，其中，使用权交易可将资产的使用价值转化为交换价值，实现增值。生态产权权能交易的前提是权能明晰、权责分明。中国自然资源资产属于公有，因此所出售的只是特定时间内的自然资源资产的使用权、经营权及与之相伴的收益权或受益权。乡村生态资源的产权可以通过市场交易方式实现供给，如通过出让、租赁、作价出资（入股）、划拨、授权经营等方式处置国有农用地使用权，通过租赁、特许经营等方式发展森林旅游，以招标、拍卖、挂牌等市场化方式出让、转让、抵押、出租、作价出资（入股）等丰富海域使用权权能，以出租、抵押、转让、入股等流转形式或以资产证券化等金融产品形态进行生态旅游资源经营权市场化运作，以实现其价值增值。生态资源使用权流转主要形式包括出租、抵押、转让、入股等，通常是经营权与所有权、使用权的组合关系。①

二、乡村生态资源资本化的间接转化路径

关于乡村生态资源资本化的间接转化路径的研究，张文明等（2019）总结出了两条路径。②

（一）对乡村生态资产进行优化配置

针对乡村的生态资产进行优化配置主要指以乡村生态资产的存量作为基础，持续推进在乡村生态资产相互关联的区域，开展绿色产业化组合发展，通过整体优化配置乡村生态资产，提升生态资产质量及其社会服务能力，从而提升生态资产共生、创收等增值空间。在落后地区则发挥"生态位"带来的优

---

①② 张文明，张孝德. 生态资源资本化：一个框架性阐述［J］. 改革，2019（1）：122-131.

势，从落后产业承接转化为培育特色产业为主、努力提高乡村特色产品的附加值以形成乡村发展的内生动力源。通过产业化运营，促进乡村生态资源转化为经济产出，实现生态资产优化配置，实现产业运营增加收益目标。具体配置模式如表4-1所示。

表4-1 乡村生态资产优化配置主要模式

主要模式	主要内容
"生态+空间布局"	科学布局生产、生活、生态空间，优化经济发展空间格局
"生态+现代农业"	依据区域生态区位，发展生态农业、品质农业、休闲农业
"生态+康养旅游"	提高生态红利和宜居效应，发展生态养生、诊疗康复、休闲旅游
"生态+产业园区"	促进产业链接循环化、园区资源利用高效化、产业组合绿色化
"生态+特色文化"	促进文化资源在产业和市场结合中的传承与创新

资料来源：张文明. 生态资源资本化研究［M］. 北京：人民日报出版社，2020.

（二）对乡村生态资产开展投资运营

这种模式是将金融创新的理论与实践直接导入到乡村生态资源经济价值的开发、利用与保护中，研发出与乡村生态资源相互紧密关联的证券、股票、基金、期货、保险、指数、期权等资本市场。这是基于森林、草地、湿地等生态资产的生态服务能力的判断，市场主体投资于生态资产而获取经济收益的方式。乡村生态资源转化为资本相关市场的发展，使得各类金融工具的创新出现在生态市场变成现实。这样，消费者对于乡村生态资源的各种需求进一步衍生到金融市场，进而通过市场交易进一步协调乡村生态资源的供需状况，以及对于生态资产的各种投资。当前，中国正在开展以森林、土地、海域海岛、水、草原等资源有偿使用制度改革，生态资源资本化契合改革要求。通过金融创新，如绿色信贷、绿色发展基金、绿色保险、绿色债券、绿色股票指数和相关产品、碳金融等金融工具及相关政策支持经济向绿色化转型的制度安排而构建绿色金融体系，有助于激励和动员更多的社会资本主动投入绿色产业，促进乡村生态资源的资本化。浙江试点的"两山银行"是最典型的乡村生态资源资本化的金融创新实践。

第四节　乡村生态资源资本化的 南平"生态银行"案例

一、案例背景

生态资源转化为资本的实现路径的实践探索最典型的模式是建立"两山银行"，生态银行也是生态资源的资产管理平台。这是借鉴了历史悠久、运营成熟的商业银行的运作理念——分散式输入、集中式输出原则，通过对零散资源以及产权的整合，进而对乡村生态资源开展统一的开发运营和持续的管理维护，最终解决生态产业化经营所面临的生态产品难以度量导致的难抵押、不易交易、变现困难等问题，实现把"绿水青山"顺利转化成"金山银山"的目的。"两山银行"的理念与生态资源资本化实现机理存在相同的内在逻辑：充分发挥"绿水青山"即生态资源的使用价值，通过测量和评估将生态资源进行量化，并且制定相关政策，将生态资源的产权明确。只有这样，才能将"绿水青山"转化为具有价值增值功能的生态资产，进行市场化交易，最终实现"绿水青山"演化为"金山银山"。

浙江的淳安县是全国率先试点"两山银行"机制的县，在淳安县"两山银行"的运营过程中，银行对各项乡村自然生态资源彻底进行了调查和摸排，在此基础上进一步进行确权登记，并在专业机构的有力帮助下，对各种乡村生态资源和特殊自然要素进行科学合理的价值评估，然后以"资源交易所"在线平台作为主要的资源（资产）交易载体，将零星分散在各村庄的生态资源进行集中收储、流转，完成提质增效。与此同时，淳安的"两山银行"还积极引入社会资本，对"两山银行"开展了专业化的开发运营，随后进行产业化开发，开展生态农业、生态旅游业及生态工业等多元生态产业探索与创新，进而激活了生态产品的市场活力、促进了各类生态生产要素流动、实现生态资源的最优化配置。

2018 年召开的全国生态环境保护大会上，明确提出了构建并健全以生态产业化和产业生态化为核心的生态经济体系目标，推动了产业发展向绿色转型。通过对生态资源进行产业化经营，推进生态产品价值的顺利实现。所谓生态产业化，其内涵目前的共识是在立足生态资源的基础上，要按照一般经济规律和成熟市场机制的基本要求，进行产业化的经营，发展生态农业、生态工业等生态产业，使得生态资源获得商品属性，变为生态产品，进入市场交易。由于生态资源的零散的属性，导致生态资源难以量化，进而导致一系列的困难，制约生态产业化的推进。

二、南平"生态银行"运作分析

福建南平是全国十大环境最佳城市之一。南平的地理位置位于福建的北部，闽江的源头，全县生态资源十分丰富，生态环境非常优越，生物多样性优良。整体而言，南平具有绿色生态资源丰厚但发展却相对落后的特点。在此基础上，南平于 2018 年在全国最先建立了"两山银行"——"森林生态银行"，这是对生态资源资产化的一次积极探索，南平实践被国家自然资源部编写的《生态产品价值实现典型案例》一书中，本书汇集了全国首批"生态银行"探索案例。

南平的"生态银行"是按照"探索政府主导、企业和社会参与、市场化运作、可持续的生态产品的价值路径"要求，在全国首创的"森林生态银行"模式，是对"绿水青山"转化为"金山银山"的积极探索。生态银行的运作，是推进生态资源资本化进程，将生态优势转化为经济优势，把"绿水青山"比较顺利地转化为"金山银山"的一次有益的实践探索。

南平的"森林生态银行"是对商业银行经营模式的一种借鉴，运用了商业银行"分散化输入、整体化输出"的操作模式，构建集南平所拥有的自然资源管理、开发和运营为一体的全新运作平台，将南平碎片化分布于各个乡村的生态资源，收集整合后再行优化配置，把这些整合后的乡村生态资源转换成集中连片的优质"资产包"，再把这些优质"资产包"委托给专业的产业运营商具体进行运营管理。与此同时，进一步引入社会资本，用来打通将乡村生态资源转化为乡村生态资产、乡村生态资产转变为生态资本的通道，由此探索出了一条具体、可复制的"能将乡村生态资源优势便利地转化为乡村经济发展优势"的乡村生态资源经济价值资本化实现路径。

（一）具体做法探索

纵观南平"生态银行"的构建过程和运行结果，我们可以发现至少有四个方面的因素在发挥作用：

一是政府强有力的主导。南平"生态银行"的运行机制是由政府主导设计和建立的"森林生态银行"，是严格按照政府主导、企业主体、市场运作、农户参与的原则建立起来的。南平"森林生态银行"有多个个体参股，多元化运营，开展有序的生态资源测度评估等工作，保证了银行运作的规范性。

二是对全市森林资源的底数开展了全面摸清工作。在南平"生态银行"建立前，南平对全域的生态资源进行了比较彻底的摸底调查，并且进行产权登记，明确产权主体，建立了完善的数据库管理机制。

三是推进合法规范的森林资源流转工作，确保实现资源资产化。在构建南平"生态银行"过程中，严格将分散的生态资源经营权以及生态资源所有权合理合法的流转到"森林生态银行"。"生态银行"将其集中储备并且进行规模整治，转化为权责明晰、集中成片的优质"资产包"，推出多样化流转方式。再通过市场化的合适融资手段和专业化的合理运营，解决乡村生态资源流转、收储等运作流程中出现的资金需求。

四是全面展开"生态银行"规模化、专业化和产业化的开发和运营，实现了乡村生态资本的保值增值收益。南平"生态银行"优化了生态资源结构,实行了"管理与运营相分离"的管理模式,积极探索"社会化生态补偿"的新模式,通过市场化运作实现了乡村生态产品的价值。

(二)运营思路分析

"森林生态银行"是生态资源资产化的实践探索。"森林生态银行"借鉴商业银行分"散化输入、整体化输出"的运营模式,建立集生态资源收储、评估、融资和管理等多功能的平台,主要由政府出资,多家企业合作共同建立。通过"森林生态银行"对南平的生态资源价值进行测度评估,并且进行明确产权归属,将分散的生态资源进行统一收储、整合以及优化,实现生态资源资产化,进而达到确保乡村生态资源实现保值增值的目的。

"森林生态银行"主要针对分散化的生态资源,在确定产权的基础上,进行"所有权、使用权、经营权"三权分立改革。通过转让、租赁、托管等不同方式将分散的生态资源的所有权、生态资源的经营权流转到"生态银行",并且对分散化的生态资源进行了集中规模化收储、整合、优化,引入市场投资资金和专业的资产运营商进行整合及市场化运营管理,形成产业化和规模化的运作机制。实现了乡村生态资源转化为生态资产、乡村生态资产与生态产业资本的结合,最终打造出了乡村生态资源转化为生态资产,乡村生态资产最终转化为生态资本的可持续发展"生态银行"运作路径,如图4-2所示。

三、优势与不足

(一)"生态银行"优势

第一,明确生态资源产权。通过整合乡村生态资源数据,解决了生态资源规模不明确、权责不明晰的问题。

第二,将"所有权、使用权、经营权"三权分立改革。将碎片化的生态资源经营权流转"生态银行"进行集中运营,转化为优质的生态资源的"资产包",激活生态资源的规模效应。

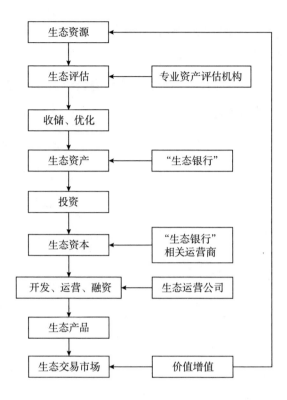

图4-2　"生态银行"运作模型

第三，按照"政府主导、农户参与、市场运作、企业主体"的原则，构建集管理、整合、转化和运营等多种功能于一体的生态资源交易平台，提升生态资源利用效率。

第四，构建"运营+金融机构"多元运营体系。通过"生态银行"进行项目对接，引入市场增量资金，解决市场资本进入问题。

（二）"生态银行"不足

第一，未能充分发挥市场作用。乡村生态资源经济价值的开发使用主要是在政府的指导下开展的，未能充分发挥市场的作用，市场竞争力薄弱，市场认可度及普及度不高。

第二，投入产出不匹配。"生态银行"的经济效益和政府投入之间有一定的差距。乡村生态资源交易收益暂时不能覆盖投入成本，难以吸引市场增量资产进入。

第三，政策仍需优化。产权边界界定、资源资产核算、交易制度不健全等政策需要根据市场的需求进行合理优化适配。

第五章　乡村生态资源经济价值开发路径之二：生态资源商品化

第一节　乡村生态资源商品化的内涵

生态资源商品化是通过在"绿水青山"与"金山银山"之间搭建起来的桥梁，直接将乡村生态资源所具有的经济价值、生态价值和社会价值三大价值，通过货币化的手段全面具体地体现出来，不仅实现其经济价值，还要使其正的外部经济性（生态价值和社会价值）内部化，体现出其作为公共物品的价值。

生态资源商品化的目的是让保护生态环境变得"有利可图"，做到使经济发展与乡村生态环境的严格保护能够做到协同推进，从而实现乡村的可持续发展。一般而言，生态资源商品化的实现可以通过中央转移支付、生态产品交易等方式提升地方政府的财政支出能力，进而提高政府供给公共服务产品的能力；生态资源可以直接转化为生态农产品、生态工业品和生态服务品，极大地丰富农产品、工业品和服务品的品类，提升其质量，而生态资源本身也是人民美好生活所必不可少的需求。因此，生态资源商品化可以更好地满足人民对美好生活的需求。

第二节　乡村生态资源商品化的特征

一、渠道多样性

一是政府直接购买生态资源，即生态补偿方式，对重点自然保护区、生态功能区、生态公益林、草原禁牧、草畜平衡区、退耕还林区等区域百姓用自己的劳动付出或者相对放弃一定的发展经济的权利，用来保护和修复乡村区域生态环境而生产得出的生态产品价值。

二是生态资源直接参与市场交易，如碳排放权交易、排污权交易和用能权交易等。

三是将生态资源转化为物质产品和文化服务产品以实现其价值，发展基于生态资源作为比较优势的利用生态型产业，从而将"绿水青山"资源优势转化为产品优势，或者转化为现实的消费品以及生产环境友好型各种产品的中间性投入品，如加快发展生态旅游产业与休闲养生产业、特色生态农业、健康生态医药产业、生态林业产业、生态饮用水产业和生态畜牧养殖业等。

二、制度依赖性

制度依赖指生态资源的经济价值实现需要一系列制度保障，其在普通产品（如农产品、工业品和服务品）的制度安排下，价值实现存在障碍和困难，如政府购买生态资源时需要通过转移支付、生态公益林补偿、草原奖补、退耕还林补偿等制度安排实现，生态资源直接交易时需要通过明晰生态资源产权、培育生态资源市场等制度安排实现，生态资源转化为物质产品和文化服务产品时需要通过制定产品认证标准、打造绿色生态品牌等制度安排实现。

三、区域差异性

生态资源的经济价值实现在时间和空间上存在差异：一是不同时期生态资源因其稀缺性不同而有不同的价值表现；二是不同地区的居民也因其经济水平和认知水平的差异，使得生态资源产生不同的价值。

第三节　乡村生态资源商品化主要路径

生态资源具有生态效益，即生态资源的正外部性，生态资源的正外部性可以通过政府、市场等直接实现路径和价值转换等间接实现路径进行乡村生态资源的商品化及货币化。

一、通过政府购买路径实现生态资源商品化

政府购买实际上是政府对生态功能区实行的一种"生态补偿"，其实质是由政府代表人民意愿购买这类地方提供的各种各类生态产品，这是乡村生态资源价值实现的重要路径。从政府购买生态产品路径看，主要是通过政府对重点生态功能区进行财政转移支付，森林、草原、湿地等专项财政转移支付，以及横向生态补偿实现。

政府购买路径的基础是生态补偿标准（生态补偿成本）的确定，生态补偿成本包括生态保护的直接投入成本、维护和改善生态环境导致的发展机会损失等方面。科学确定生态保护的补偿标准，是建立在综合考虑多重因素，具体包括发展机会成本、生态保护成本和生态服务价值等基础之上。同时，必须考

虑经济承受能力、受益者是否愿意支付以及保护者所要付出的实际成本。

通过政府购买路径实现生态资源商品化，一方面，需要统筹配置各类补偿资金，积极探索各种综合性补偿办法。因为，当前中国对于生态保护之用的补偿资金的分配及其考核分散在林业、环保、水利、国土、住建、经信等不同领域，具有多种类型，导致补偿规模普遍偏低，而分布于不一样部门的专项生态补偿资金会受到专款专用政策的限制，必定造成资金在统筹使用上出现难度大、效率低、资金配套在某些贫困地区产生压力巨大等问题。另一方面，需要建立生态保护补偿效益评估机制和生态保护成效与资金分配挂钩的激励约束机制。建立生态保护补偿效益评估机制的目的是提高财政资金的使用效率，而构建生态保护成效与资金分配挂钩的激励约束机制是为了促进各地方注重补偿资金投入绩效，保护好绿水青山，让生态资源受益者支付费用、保护者的付出得到合理的补偿，从而促进生态资源保护者和生态资源经济价值受益者之间的良性互动，达到全面调动全社会参与保护乡村生态环境的高昂积极性。

二、通过市场交易路径实现生态资源商品化

市场交易是实现生态资源商品化的主要渠道和发展方向。乡村生态资源具有一般公共物品属性，其市场不是自发形成的，而是要通过制度变革和制度创新去创建乡村生态资源交易市场。乡村生态资源商品化市场交易路径需要通过生态资源变资产、资产变资本、资本变财富的三个环节才能达成。

首先，需要赋予乡村生态资源权能。明确产权，这是建立市场交易的基石，然后才能通过产权的出让、转让、出租、抵押、担保、入股等方式，促进生态资源价值的实现及增值。一是明晰资源产权。根据林地、草原、水流、湿地等不同种类，区分国家和集体所有，落实所有权的实现主体；统一确定权属界限，包括各类自然资源的空间界线和涉及主体范畴，还要涵盖各类转让、出租、抵押、继承、入股等权能的统一界定；统一开展登记颁证，对水流、森林、山岭、滩涂、荒地、草原等所有的自然性质的生态空间进行统一的确权登

记。二是进行三权分置或者两权分离。三权分置和两权分离是针对生态资源产权而言的，其实质都是将使用权（经营权）分离出来，目的是解决乡村生态资源所有权归全民所有和集体所有，所有权不能直接进行交易的问题。只有将经营权分离出来，才能将生态资源变为生态资产，并进而实现权益的转让、交易、出租、抵押等，从中获得相应的收益或者资本。三是建立环境产权（使用权）。环境产权指排污权、排放权以及固体废弃物的弃置权等。与生态自然资源产权不同，环境产权实质上是对生态环境资源的使用权，是由生态环境资源的产权主体分配给企业的有一定限制的对污染物的排放权。

　　其次，明确交易品种，建立生态资源交易市场。所有能进入市场进行交易的乡村生态资源的权益品种主要有三类：一是资源产权，可交易的只有使用权和经营权；二是保护和提升生态环境价值的能源环境权益，这是发展的重点方向；三是融入生态产品价值的金融类产品及服务的交易，这是生态产品价值实现的更高级交易类型。建立生态资源交易市场还必须合理确定乡村生态资源权益的供应总量和基准价格，建立各类乡村生态交易平台，创建国家级乡村生态资源网上交易平台，积极谋划生态资源交易中心等有关产业平台的建设，全力筹集资金和引入资本，建立健全项目法人治理结构，吸引特色乡村生态资源向电商交易平台聚集，共同推动乡村生态资源交易体系建设，为社会提供更多更好的生态产品。

　　最后，探索构建与现代市场体系相融合的多元化交易机制和相关配套体系。开展竞买与拍卖交易探索。部分乡村生态资源，可以采取竞买与拍卖（或配额交易）的形式进行交易；探索开展生态养殖证拍卖；拓宽乡村生态资源产品"换"要素渠道；开展收益权转让及抵押；探索生态资源资产证券化；探索生态产品期权交易等。通过培育乡村生态资源产品交易的供给与需求市场，加强乡村生态资源产品交易的法治保障建设，创新发展适应乡村生态资源价值实现的新型金融服务等，保证市场交易路径的健康运行。

三、通过价值转换路径实现生态资源商品化

价值转换路径是把乡村生态环境资源优势通过一定的路径和平台，逐步转化为生态旅游、生态农业和生态工业等生态经济产业优势，从而促使"绿水青山"真正变成"金山银山"。这种路径建立在人们对绿色农产品、工业品和服务产品等绿色产品需求日益增强的基础之上，通过延伸生态产品产业链，培育绿色产业体系，将生态资源转化为绿色产品，进而增加产品的附加值，实现"绿水青山"真正转变为"金山银山"。在生态资源转化过程中，政府要发挥引导、规范作用，通过建立生态资源价值转化的正向激励机制，制定绿色发展政策，发挥正向引导作用，降低绿色发展成本，促进生态优势"转化"为发展优势，推进生态产业化，推动生态农业、生态旅游业、生态工业的发展，实现生态资源优势转化为绿色农产品、工业产品和服务产品。价值转换路径实现生态资源商品化的具体方式包括：依托优质生态资源，增值开发生态农产品；挖掘生态文化资源，开发生态旅游产品；依托优质生态要素，发展环境敏感型产业，促进生态要素向生态工业品转化，大力吸引物联网、医药、电子、光学元器件等对生态环境要求严苛的产业，大力建设物联网、大数据等对生态环境要求严苛的数字信息产业基地，加快信息产业园等创新平台建设；推进产业融合，构建多业态的生态产品体系。

第四节　乡村生态资源商品化的浙江案例①

乡村生态资源商品化的模式多种多样，通过浙江丽水的成功实践，我们可以把乡村生态资源商品化模式分为物质供给模式、生态调接模式、文化服务模

---

① 本节所选案例中的所有数据，除特别注明外，均来自笔者调研所得。

式和体制机制创新模式四种类型。

一、物质供给模式案例——千峡湖"洁水渔业"

物质供给模式指由自然生态系统直接向人类提供物质产品的模式，主要是通过实施生态农业生产使乡村生态资源经济价值直接转化成人类生存发展所必需的物质产品，如有机农产品、中草药、原材料、生态能源等。具体价值实现路径有四条：一是基于物质供给产品生产端的价值变现；二是基于生产端空间布局调整的价值变现；三是基于生态循环利用的价值变现；四是基于销售端、物流环节的价值变现。

（一）案例背景

"洁水渔业"是以保护水环境为目的，通过人工放养鲢鱼、鳙鱼等滤食性鱼类，优化生物群落结构，保持合理的生态容量，以达到改善水质、提高渔产的一种渔业生态模式。千峡湖作为浙江最大的峡湾湖，与洁水渔业养殖模式相生相伴，让鱼成就了一个产业。千峡湖群山环绕，植被茂密，拥有 10 万亩水域，上游及周边没有工厂和其他生活污水污染，湖区有大量的库湾，湖水清澈晶莹，一般能见度达 12 ~ 13 米，平均含沙量每立方米 0.005 千克，属国家一级水体，不经任何处理即达饮用水标准。据相关部门化验测量，千峡湖水为弱碱性，溶解氧在 6.5 毫克/立方米以上，且污染物质含量极少，非常适合各种鱼类的繁衍生息。浙江丰和渔业有限责任公司拥有千峡湖等 10 万亩水面养殖捕捞经营权，生产的"千峡鱼翁"牌的生态有机鱼全部通过国家有机认证。该公司坚守"以渔养鱼，以鱼洁水，以鱼名湖"理念，开展生态养殖、科学养殖，创新发展生态养殖模式——洁水渔业，为高质量绿色发展开辟了新道路。

（二）主要做法

1. 创新发展理念，引领绿色渔业。

公司采取全生态的天然养殖方法，在养殖过程中不设置网箱、不投饵料、不施农药，应用自然界中的生物链原理，合理配置投放鱼苗品种和数量，制订科学的捕捞计划，建立科学的捕捞销售制度。实行洁水渔业养殖技术下的生态修复系统管理手段进行严格管控，使湖鱼长期在洁净的生态环境下生长，最终使所养殖的鱼类成为更加安全、更加健康的生态水产品。

2. 强化科技支撑，促进产业发展。

一是加大科研投入力度，与上海海洋大学、浙江大学、浙江省淡水水产研究所等院校建立了长期合作关系，设立了全省第一家渔业公司浙江省博士后工作站，5 名博士后专门研究生态洁水渔业系统。

二是建立科学完善的生态循环体系，建立了专门的千峡湖鱼苗生态增殖放流中心，通过洁水渔业生态修复系统，控制湖里鲢鱼、鳙鱼的拥有量，保证整个千峡湖水体的水质长期达到国家 I 类水质标准。

3. 增加宣传力度，打造有机品牌。

"千峡鱼翁"牌生态有机鱼于 2017 年通过国家有机产品认证、2018 年获得"浙江省名牌"称号，全省首家通过丽水山耕"品字标"国际认证联盟认证。人民网、凤凰网、浙江卫视近 50 家新闻媒体对千峡湖的洁水渔业进行了报道，进一步提高了公司产品的知名度和美誉度。

4. 整合营销网络，延伸产业链。

一是千峡湖生态有机鱼产业着力打造包括养殖、管理、捕捞、销售、加工、研发、餐饮、渔旅结合等一条完整的渔产业链和营销网络。先后建立了青田、温州、丽水配送运营中心，实行区域营销策略。

二是开设连锁直营酒店——千峡鱼翁馆，专门以千峡湖的生态有机鱼为主要食材。通过酒店的建设，充分展现千峡湖的地域文化和鱼水文化。

三是建设鱼产品加工厂，通过深加工把鱼的全身都利用起来变废为宝，深度挖掘和延伸了鱼的本身价值。

四是开展渔旅融合，充分利用渔业本身的独特资源优势，推出出湖捕鱼、自行烹饪等体验活动吸引游客，推出生态精品酒店、农家乐、民宿等配套设施。

（三）主要成效

1. 产业发展促经济效益初显

洁水渔业成为千峡湖重点培育的支柱产业之一，洁水渔业产业发展既保护了千峡湖的水质，又科学合理地开发了千峡湖的渔业资源，通过开展生态渔业养殖品牌经营，走生态渔业发展之路，创造了极大的经济效益。2018 年，公司销售生态有机鱼 185 万斤，产值 2011 万元。不久，丰和渔业综合园区的建成，将安排就业人员近 200 人，实现年产值 2 亿元。

2. 洁水渔业助力科学治水

洁水渔业在发展生态渔业的同时，注重保护和促进千峡湖的水域生态环境，通过生态系统的保护和完善，使湖内的生物多样性得到有效保障，水体更加健康，进一步达到洁水的目的，千峡湖水质长期均达到国家 I 类水质标准。

（四）简要结论

千峡湖"洁水渔业"的成功在于：在坚持端牢"绿水青山"这样一个"金饭碗"的前提下，通过依托千峡湖天然的生态禀赋，应用自然界中的生物链原理，实施天然放养以及科学养殖、捕捞、销售，在推动"洁水渔业"全链式发展的同时，库区又保持了 I 类水的水质，实现了生态"高颜值"与产业"高质量"的双丰收。

二、生态调接模式案例——遂昌金矿的蝶变

生态调接模式实现生态资源的商品化主要指生态系统中体现调节服务功能的生态资源价值的商品化（生态产品价值实现），具体包括水源涵养、土壤保持、洪水调蓄、空气净化、水质净化、固碳、释氧、气候调节和病虫害控制等方面的服务产品。相应生态资源价值实现路径包括三大类：一是通过生态保护、修复和生态承载考量，引来环境指示性生物，促进生态保值增值；二是依托优美的生态环境，以生态产品利用型企业为载体，以降低企业生产成本，产出高品质产品，提升企业竞争力，促进品质溢价；三是围绕气候养生和气候变

化应对两大主题，依托高山优良气候，成为避暑休闲养生之地，以产业碳中积极应对地区变暖，实现生态调节产品价值的多重变现。

（一）案例背景

浙江遂昌金矿原来是一座正在面临资源枯竭约束和环境污染严重的双重制约下艰难维持的古老矿山，曾被誉为"江南第一金矿"。遂昌金矿从唐代就已经被开采，遗留下大量的矿业古迹，是 1400 年来仍"活着"的金矿。长期以来，一直面临坑道酸性重金属废水难以处理，大量含硫废石渣场污染无法排解的问题，这种状况严重影响着矿区下游居民的生产生活。自 2007 年以来，为克服资源枯竭和环境污染双重制约，遂昌金矿一手抓矿山环境整治和生态保护工作，一手抓国家矿山公园创建，取得了生态"高颜值"与发展"高质量"齐头并进。自 2011 年开始，桃花水母连续 8 年在遂昌金矿的出现，验证了古老矿山的美丽蝶变，直接反映了矿山公园生态环境的优化，验证了由矿山变绿洲的显著成效。

桃花水母是对水环境要求极高的世界级濒危物种。桃花水母是地球 6.5 亿年前产生、现已濒临灭绝的独特、珍稀物种，有着"水中大熊猫"的美称。桃花水母对其生存的水体和周围环境要求极为苛刻，适宜桃花水母生存的水质必须是真正的无毒、无害，不能有任何污染，一旦周边的生态环境出现稍微变化，就一定会导致桃花水母的消失。由于它的活体十分罕见，非常难以制成动物标本，因此被国家列为全球最高级别的需要最严格保护的"极危生物"。

（二）主要做法

1. 坚决治理酸性重金属废水

遂昌金矿先后投入资金 3000 多万元，实施酸性废水处理、清污分流等一系列工程，一是把电石渣覆盖到含有硫废石、弃渣的上面，使含硫弃渣、废石同电石渣产生化学反应，从而形成一层具有坚硬密闭特色的碳酸钙外壳用来作为保护膜，达到隔绝空气的目的；二是在废石、弃渣两侧做截水沟，隔断污染物的溶解介质，并在此基础上覆盖植被。这样大大减轻了酸性污水处理负荷，取得了明显效果，酸性废水排放合格率保持在95%以上，大大优于国家规定的排放标准。

2. 切实加强水资源的循环利用

在矿产的开采的过程中，坚持大量使用矿坑中涌出的水和开采过程中的回水，通过不断的循环利用，既达成了减少废水排放量，又节约了水资源的消耗。同时，将矿硐流出的部分废水通过清污分流后，将酸性重金属污水集中到污水库，用电石渣进行中和处理，然后汇聚到尾矿库进一步沉淀，澄清水达标后从总排放口排放。在利用氰化法成熟技术提取矿石中黄金的过程中，必然会产生一定数量的含氰化物有毒工业废水。为了解决这些废水的治理问题，遂昌县组织技术人员积极开展工业废水循环利用所必需的技术攻关工作，多年来已经先后完成了金矿全泥氰化技术的革新和含氰化物工业废水零排放技术改造研究，对产生的含氰化物工业废水进行了全部循环利用，节约资金5000多万元。

3. 以保护植被为抓手强化水源涵养

遂昌金矿矿区位于亚热带季风带，矿区内林幽涧碧，奇峰遍布，秀水环绕，散落着10多个古树群，770多棵古树名木。目前，在矿区范围内，已经在原有3000余亩用于水源保护的森林基础上，通过植树造林，又增加了10000多亩的生态公益森林。同时，历年来用于矿山生态环境资源保护的投入、植被恢复方面的投入资金有3000余万元，在山坡上开辟了种植水果、毛竹等各类经济林达到了600余亩，在矿区内培植了4200平方米草坪，种植了20多万株各类树木与花卉盆景，使所有露体的山体荒坡、废弃尾矿、废石堆全部披上了绿装，整个矿区可绿化面积中的99.9%以上做到了绿化覆盖，大大提高了水源涵养和空气净化能力。

4. 建造了国家矿山公园

遂昌金矿国家矿山公园于2006年7月正式开工建设，整个公园项目由金色池塘、黄金博物馆、工艺展示厅、黄金博物馆相关配套服务区、时光隧道、古硐探秘区、金都寻忆区、唐代金窟区、宋代金窟区、明代金窟区、汤公遗梦

11 部分共同组成，通过 2 年多的建设和完善，于 2008 年将遂昌金矿国家矿山公园建成为 AAAA 级旅游景区，彻底完成了矿山的景区化转型。由此，遂昌金矿除了原有的经营模式，还搭上了乡村生态绿色发展的时代快车。

（三）取得的主要成效

1. 生态环境污染得到有效消除

通过矿山公园生态环境治理，居于矿区下游的 1.8 万亩农田彻底解除了被污染的威胁，也使下游 6000 名农民饮用洁净水需求得到了保障，解决了下游牲畜和农田灌溉安全用水困难，并消除了因矿山开采形成的地质灾害隐患对矿区可持续生产以及矿区人民生命财产安全的威胁。矿山公园地处瓯江源头，酸性废水治理对于改善瓯江水质具有重要意义。

2. 景区经济效益取得有效提升

遂昌金矿自 2007 年开园以来，经过 10 多年的运营，日接待能力已从 1500 人提升至 13000 人，特别是出现桃花水母以来，游客接待量与经营指标快速增长，2018 年接待游客 104 万人次，实现旅游营业综合收入 8780 余万元①。所有来到遂昌金矿的游客，都会感觉到自己像是走进了一座美丽的大花园，看不到尘土飞扬、黑烟缭绕和污水横流，满眼只有绿树成荫，呼吸到鼻腔里的是满满的清新空气。

3. 周边业态发展获得有效带动

遂昌县以国家矿山公园作为依托，围绕公园周边建设了鞍山书院、黄金谷漂流水道、古松长廊等 10 多个景区、景点，30 多家农家乐，20 多家民宿，为附近乡村的 600 多人解决了就业问题②，改善了农村的发展业态，增加了农民收入，加快了乡村奔向全面小康的步伐。

桃花水母在矿区的出现，绝非偶然，而是 10 多年来矿区深入践行"绿水青山就是金山银山"理念，通过加大环境治理，促进矿区生态系统调节服务

---

①② 沈贞海. 浙江遂昌：金矿里涌金泉，生态里觅发展［EB/OL］. 中国发展网，https：//baijiahao. baidu. com/s？id=1674515417665381466&wfr=spider&for=pc，2020-08-09.

能力提升的结果；同时，生态环境服务质量的增值和矿山文化的挖掘，又促使乡村生态资源价值的多重变现，带来了源源不断"挖不完"的金矿。

三、文化服务模式案例——松阳陈家铺古村开发

乡村生态资源商品化的文化服务模式是把自然生态系统中能充分体现文化服务功能的乡村生态资源转化为生态某些产品形式，具体诸如生态旅游产品、自然景观产品、美学享受产品、精神体验产品等。生态文化服务产品具体表现为自然生态系统及其共生的民族文化遗存，所创造的对人类精神感受、知识获取、休闲娱乐和美学体验等方面的利益，包括各级风景名胜区、自然保护区、地质公园、森林公园等自然景观，古村落、古道、古桥、古堰、梯田等自然文化景观，以及鸟鸣、泉潺等带来的利益。具体的生态价值实现路径有五条：一是基于自然景观给予惠益的路径探索；二是基于生物多样性保护所展现的科普、人文教育等价值；三是基于古村、古窑等特色生态文化挖掘带来的变现；四是基于特色物质产品供给所带来的文化服务体验；五是基于品牌实现端的产品溢价实现路径。

（一）案例村概况

浙江丽水松阳县四都乡陈家铺村原本是偏居一隅的古村落，近年来发挥古村生态资源优势，通过引进工商资本建立合作共享机制，发展生态农业、文创产业和乡村民宿等产业，实现了生态效益经济化，古村重新焕发新生机，村民走上富裕之路。

陈家铺村距松阳县城 15 千米，三面环山，海拔 850 余米，至今已有 640 多年历史，是国家级传统村落。传统文化积淀丰厚，祠堂、香火堂、社庙、古民居、店铺、古道等文物保护良好，有古建筑 40 余幢。全村有山地面积 3779 亩，耕地 251 亩，是一处典型的山多地少的小山村。近年来，该村致力于古村落的保护利用，先后引进先锋书店、飞茑集、云夕摩加共享民宿等项目，特别是先锋陈家铺平民书局成为"悬崖边最美的书店"，已成为松阳文化地标。同

时，大力培育高山蔬菜、萝卜、白茶等高效生态产业，土特产萝卜片、番薯干名扬县内外。成立番薯产业合作社和农文旅公司，初步形成由农户、村集体和工商资本共同参与的组织化合作化机制，实现村民致富、村集体增收和乡村振兴。

（二）主要做法

1. 护好生态优势，实现从"卖产品"到"卖风景"的转换

一是发展高效生态农业。依托高海拔、无污染和好山好水好生态的独特优势，大力发展"600"生态精品农业①，打造以高山云雾茶、高山蔬菜种植为主，笋竹林经济为辅的主导产业。特别是该村种植番薯历史久远，出产的番薯个大、汁多、脆甜，再加上该村海拔高所带来的巨大的昼夜温差、较强的日照时间以及山地沙土等特殊地理构造所形成的耕地富含矿物质等优势，赋予该村番薯独特品质，通过去皮、二煮二蒸、自然晾晒等工艺，形成了陈家铺村独特风味的番薯干，市场上供不应求，近年来年销量达 2500 余千克。

二是发展摄影休闲旅游业。该村倚靠岩石山崖呈阶梯式布局，落差高达200 余米，上百幢数百年先人建造并遗存下来的由泥土、青砖、木板、石头等天然材料建筑的房屋，形成村庄垂直延伸的村落景观，是崖居式古村落的代表。同时，因地处山谷，一年四季云雾缭绕，梯田、竹林、古树、山峦簇拥。依托独特的"崖居"奇观和"云雾"景观，大力发展摄影写生、农家乐休闲旅游等产业，每年吸引上万人前来摄影写生、参观游玩。

2. 引入工商资本，使乡村从"萧条"走向"复兴"之路

一是发展乡村民宿实现美丽蝶变。陈家铺村全村原有人口 497 人，外出人口多达 350 多人，许多农户通过下山脱贫在外有了新居，村里的老房因无人居住年久失修，村内常住人口不足百人，村庄逐步破败萧条。为此，该村从2016 年开始通过招商引资，引进一批有资金、有理想、有情怀的工商业主到村里发展精品民宿。与先锋图书文化传播有限责任公司、杭州亦舍酒店管理有

---

① "600"生态精品农业特指海拔 600 米以上生产的生态精品农产品。

限公司合作，建设飞莺集、云夕摩加共享民宿等项目，总投资 1000 多万元，目前 2 个项目基本完工并对外营业。同时，创新由村集体统一收购盘活老宅、统一对收购的老宅进行管理运作的新模式，引进了知名的设计师夏雨清团队对具有商业开发价值的 18 幢古民居率先进行民宿开发。通过发展民宿，破旧老屋得到保护修缮、道路设施得到修建、村庄得到美化绿化，村民也通过房屋租赁流转、农产品销售、劳动力就业实现就地增收。

二是引入文化产业激发乡村活力。2016 年 5 月，陈家铺村与南京先锋书店签约先锋陈家铺平民书局项目，由著名建筑师张雷设计，对村文化中心进行改建，具有主题书馆、主题文创馆、文化活动区等功能。改建后的村文化中心陈列了 3 万余册精品图书以及由先锋书店开发的具有松阳地方特色的 100 余种文创产品，为读者营造了一个具有松阳地域文化特色、人文创意理念的精神文化场所，成为展示当地历史文化、风土民俗的重要平台。2017 年底试营业以来，"悬崖边最美的书店"成为陈家铺村的一张金名片，吸引了众多游客慕名而来，激活了乡村活力和产业发展。

3. 建立合作机制，牵手"小农户"闯"大市场"

依托村里的特色产业番薯干，建立由农户、村集体和工商资本共同参与的组织化合作化机制，牵手小农户共闯大市场，实现三方共赢。

一是成立番薯产业合作社。由村里直接从事番薯种植和番薯干生产的 22 户农户组成，其中低保户 2 户、低保边缘户 8 户。合作社每股股金 500 元，各社员以户为单位入股，每户不超过 2 股，合作社共计股份 32 股，股金 1.6 万元。

二是成立农文旅开发有限公司。在成立番薯产业合作社的基础上，建立农文旅开发有限公司，由番薯产业合作社、蕾拉私旅公司（飞莺集民宿）、先锋书店、陈家铺村股份经济合作社、鲍朝火（村党支部书记）和鲍伟光（村委会主任）组成，注册资金 5 万元，其中番薯产业合作社占股 32%，蕾拉私旅公司（飞莺集民宿）、先锋书店、鲍朝火和鲍伟光各占股 6%，陈家铺村股份经济合作社占股44%。公司盈利部分根据社员出资股份、供货数量比例按照8∶2进行分红。

三是实行"五统一"生产方式。即统一原材料（包括番薯品种）、统一生产标准、统一质量要求、统一商标包装和统一定价销售。合作社对番薯干的制作时间、场地要求、环境卫生、操作流程等实行严格的管理监督，各成员必须按标准规范组织生产，公司对收购的合格产品实行统一定价。

四是打响陈家铺番薯干品牌。由飞鸢集设计师专门设计了番薯干的统一包装，制作宣传视频，依托工商业主的信息平台优势，加大宣传和销售力度，初步形成了陈家铺农产品品牌，扩大了陈家铺品牌影响力。

（三）主要成效

1. 激活了乡村发展活力

通过引进一批工商业主到本村发展新型业态，不仅带来先进的经营理念，还带来资金流、信息流和人流，促进了村庄的美丽蝶变。许多老屋得以保护修缮、道路设施得以修建、村庄得以美化绿化。同时，依托民宿发展，带动种养殖业、乡村旅游、农副产品销售、手工艺品加工等多业态发展。不少外出打工的村民，尤其是年轻人陆续返乡创业，激活了乡村活力。

2. 推进了村民组织化进程

通过成立番薯产业合作社和农文旅公司，对农户生产番薯干的制作时间、合格的场地、生产的环境卫生、规范操作流程等实行统一管理，由公司进行标准化的规定要求，形成有序的生产模式。初步形成由农户、村集体和工商资本共同参与的组织化合作化生产道路，并充分利用工商资本的平台优势和资源，促进产品销售和产业发展。

3. 带动了村集体和村民增收

通过组建合作社，实行统一收购、统一包装、统一销售，提高了番薯干的收购价，番薯干收购价格由每千克30元提高至36元，同比增长20%。加入合作社的社员通过自己渠道销售公司番薯干的，可享受每千克4元的销售奖励，并根据出资股份、供货数量享有公司分红。据初步统计，2018年该村共销售番薯干4000千克，比上年增加1500千克，实现了销售价格和数量的双增长。同时，村里发展民宿，村民通过房屋租赁流转、农产品销售、劳动力就业实现就地增收。

4. 促进了乡村和谐共建

通过扶持发展生态农业、文创产业和乡村民宿等产业，鼓励各类人才、乡贤和外出人员回归乡村，让本已处于寂静凋零状态的偏僻乡村再度人流涌动，变得热闹活跃了起来，带来村民思想素质、乡风文明的提升，让农村固有的传统文化元素在流动升值中获得了传承发扬。同时，推动工商业主参与乡村治理，有机融入乡村社会，通过帮扶就业、建立农产品产销关系等多种形式，打造了"外来业主—原住民"融合共生的发展模式。

（四）简要结论

古村资源也是重要乡村生态资源。陈家铺村立足古村生态资源禀赋，将乡村闲置土地、闲置资金、闲置劳动力等有效组织起来，建立由农户、村集体和工商资本共同参与的组织化合作化机制，因地制宜发展高效生态农业、文创产业和乡村民宿业，推动小农户生产与现代产业有效链接，让村民共享生态产业链的增值收益，促进村民增收、村集体经济发展壮大，对其他乡村生态文化资源的商品化有重要的借鉴意义。

四、体制机制创新模式案例——遂昌"绿色惠农卡"信息平台

好的制度供给是促成生态价值实现的有效保障。体制机制创新是加快乡村生态资源商品化的支撑保障。体制机制创新模式助推乡村生态资源商品化的支撑路径有五条：一是基于老屋拯救、溯源体系、美丽气象、森林安防、科技服务等的保障增值支撑的制度创新；二是基于绿色惠农、林权抵押贷款等金融模式的要素支撑制度创新；三是基于流域上下游横向生态补偿、出境水水质财政奖惩制度的水生态激励机制创新；四是基于山海协作机制创新；五是基于生态信用、GEP 核算的地方实践制度创新。

（一）案例背景

遂昌县在进行农业生态环境治理中发现了一些传统管理体制下难以解决的问题。

一是农田面源污染治理难。传统农业生产中存在重量不重质的现象，大量施用化肥、农药换取高额产出，效果甚微且难以为继，导致资源环境压力大、面源污染严重。遂昌是国家重点生态功能区和省内重要生态屏障区，生态保护责任重大，形势严峻。2014 年，遂昌农药、化肥使用量分别达到 11600 吨（折纯）、360 吨，过量使用农药、化肥造成的污染占农业面源污染的比重达 60% 以上。

二是惠农政策补贴绩效差。现行的农业补贴政策，注重普惠制和平均化，存在资金分散和碎片化问题。单纯依靠资金激励，重补贴轻绩效评估，好钢并未用在刀刃上，未实现最大化激励效应，甚至与期望相悖。在补贴申报和分配过程中，补贴依据核实困难，发放成本较高，容易造成监管上的"真空"和漏洞。2015 年前，遂昌单个农户平均用于实际农业生产的补贴资金占比不超过 25%。

三是农资安全监管漏洞大。田间作业时间、投入品数量等记录构成农产品质量安全重要的追溯信息，但全凭农户主观意愿操作，随意性很大。2014 年，全县农业经营主体安全生产记录抽查显示，约 60% 的主体记录欠缺或不规范。同时，山区县农资市场流通情况复杂，缺乏监管手段导致农业投入品监管难，存在安全隐患。绿色惠农卡应用前，全县农资经营市场每年查处假冒伪劣、禁限用产品案件 10 多起。

为了解决上述问题，从 2015 年底开始，遂昌县相关部门充分运用互联网、大数据等先进技术手段，创新打造了一种全新的信息平台——"绿色惠农卡"，这一平台致力于着重解决农业生产过程中普遍存在的化肥农药减量控制难、补贴资金专款专用管理难、生产全程追溯控制难等问题。截至目前，化肥农药减量幅度年均达 12.6%，平均每年整合的 1680 万元惠农补贴资金均用于农业生产，农业投入品和社会化服务实现全程有据可查，有力促进农业供给侧结构性改革。

（二）主要做法

1. 整合惠农资金

一是开展详细摸底排查。2016 年 7 月，遂昌县农业局与交通银行合作，按照实名认证原则为全县农户办理发放"绿色惠农卡"，建立个人账户，并同步采集持卡农户与惠农补贴依据相关联的土地承包面积、种植情况等相关信息。

二是开展化散为聚工作。把以前利用银行账户用来作为分散发放涉农现金的做法进行彻底改变，有机整合各部门发放的各类惠农补贴，简化补贴资金发放流程，以电子货币形式统一打入农户个人账户。

三是通过制度变革约束支出。通过设定相关程序应用，让农民可以通过刷卡可购买各种种子、农药、肥料、农机具等农业生产投入品，也可以依据"绿色惠农卡"平台委托开展农作物病虫害的统防统治、茶叶精品提升加工等社会化服务，但不能取现或用于非农支出，保证惠农补贴资金只应用于农业生产经营，落实"谁种地谁受益"政策初衷。目前，已发卡 5.29 万张，占全县农户的 96.3%，整合规模种粮、有机肥、农业支持保护、茶叶加工追溯、统防统治服务等 5 大类补贴，累计整合资金 2159 万元，农民通过刷卡享受补贴1376 万元。

2. 建立服务体系

一是构建服务定点体系。在线下建立农资供应和社会化服务定点服务网点，配备专用刷卡设备和高清摄像头，产品进出库全部登记进入平台备案，统一服务标准、管理制度和操作规程。同时，出台《绿色惠农卡定点服务单位准入条件及相关制度》，对"绿色惠农卡"应用消费网点进行筛选和规范，倒逼其服务能力、服务水平和服务质量提升，严格执行"无卡不交易"规定。

目前，已淘汰原有的农资供应、社会化服务单位共 15 家，建立定点服务单位 167 家，实现全县 20 个乡镇（街道）服务全覆盖。

二是搭建服务平台。在线上建立惠农信息平台，统一把采集、发布、存储信息等功能归集在一起，同步记录各个农户运用绿色惠农卡购买包括农产品加工服务、农业投入商品及农用机械作业服务等相关信息，收集并储存基于真实交易积累的大数据。截至目前，整个平台已经采集了 95 万余条数据。

3. 引导绿色生产

一是政策倾斜。通过综合评估生态环境、农产品质量等安全风险，依据相关法律法规和政策，制定并发布了《绿色惠农卡可支付比例方案》文件，在该文件中比较科学地为不同农业生产投入品设置了差异化的补贴梯度，积极引导农户使用农资商品时充分考虑高效环保和新技术产品或服务，大力倡导绿色生产，最大限度地激发惠农政策的导向作用。

二是规范市场。通过成立县农资流通协会，签署不销售高风险农药承诺书，强化行业监管和企业自律，严禁销售国家明文规定的禁用农药，积极倡导停售毒死蜱、草甘膦等高风险农药，大力推介生物农药、有机肥等高效环保农业投入品，促进先进适用的绿色生产技术普及应用，从生产源头和流通源头上保障农业生态环境、农产品质量、农业生产的彻底安全。截至 2017 年 10 月，高效、低毒、低残留农药在全县农药销售总量中占比达 81.3%，其中草甘膦、毒死蜱等高风险农药销量在总农药销售量中的占比与 2015 年同期相比，分别下降了 56.3% 和 42.1%。

4. 强化数据应用

一是交易监控。利用绿色惠农信息平台同步显示技术，严密监控每一笔刷卡消费信息，对大量购买农资等异常消费、疑似套现，以及违规销售禁用、假冒伪劣产品等行为，将涉事服务定点单位列入"黑名单"，剔除服务体系。

二是过程追溯。利用信息平台初始采集信息、消费录入信息，形成农业生产经营过程中的追溯信息，对农产品加贴二维码标识，助力农产品质量安全监管。

三是数据分析。利用源源不断积累的大数据，精确分析农业投入品习惯、新技术应用、特定区域内种植布局、农药化肥减量等情况，精准开展惠农政策研究制定、农技指导服务、种植结构调整、农产品产销对接等工作，促进智慧农业发展。经过长期积累，绿色惠农信息平台必将成为重要的农业大数据平台。

（三）主要成效

1. 实现生态管控智慧化

高毒农药的全面禁用，各种新技术和绿色高效环保农业投入品的全面推广和应用，基于政策支持和引导的生态化、绿色化、清洁化的生产方式的推广，在线监管条件下的实时交易，达成了提醒不恰当农资配备，实现化肥、农药双减，有力地控制了农业面的源污染。从 2017 年开始至今，农药、化肥减量幅度在全县分别达到了 1.2%、1.6%。自绿色惠农卡应用以来，全县仅通过替代使用一个对环境友好的除草剂品种草铵膦，即实现农药减量 6942 千克。

2. 实现政策扶持精准化

补贴资金全用于农业生产，保障农业生产性补贴资金专款专用，真正实现"谁种地谁受益"。同时，按照种植实际情况和具体消费信息兑现惠农补贴资金，补贴依据可靠，无须人员审核，杜绝人为操作，破解惠农资金监管难题。不少群众更是反映，相对于以前补贴分散零碎、支取使用不受限制、个人受惠不明显，现在惠农资金集中拨发到位，农民获得感更强。

3. 实现了社会治理便捷化

绿色惠农卡的全面应用，使全县农产品的田间生产过程中农业投入品的具体使用信息变成可以便利地追溯、生产流通环节可以方便倒查，这一改变促进形成了从田园到餐桌的全链安全追溯信息，"舌尖上的安全"得到了有力保证。同时，农资市场无序、难监管得到有效破题，市场经营秩序得到引导和规范，更是从流通源头杜绝了农业投入品的不合理使用。

（四）简单结论

基于互联网、大数据技术的应用支撑，一张"绿色惠农卡"彻底解决了农业生产过程中普遍存在的、久未解决的三大难题——农药、化肥如何实现真正减量使用、农业补贴怎样保证专款专用、农业生产过程如何实现全程追溯？遂昌县的成功实践，为全国探索出一条兼具农业生产安全、精准扶持、动态管理的新路子，从源头上为农业产业保驾护航，从而为乡村生态资源商品化赋予更高的绿色价值。

第六章 乡村生态资源经济价值开发路径之三：生态资源产业化

第一节 乡村生态资源产业化内涵

关于乡村生态资源产业化不同的研究者虽有不同的解释，但一般定义为运用社会化大生产组织方式和市场经济化经营手段方式为社会提供生态产品和服务，把自然生态要素推向生产要素，把自然生态财富推向物质财富的转变过程，最终推进乡村生态资源与社会经济的良性循环发展。其实质是发挥独特的乡村生态资源优势，以乡村生态资源作为生产要素和中间投入品，将"绿水青山"转化为产业优势，生产现实消费品与生产环境友好型产品，发展生态利用型产业，间接实现生态产品的价值。如利用山、水、林、气、乡村文化等乡村生态资源供给的优势，发展生态旅游产业、休闲养生产业、生态农业、饮用水产业等。

第二节　乡村生态资源产业化主要模式

肖庆洲、张波（2022）在研究了国内外乡村生态资源经济价值转化实践案例后，发现乡村生态资源产业化主要有五种模式：

一、第一产业（农业）主导型乡村生态资源产业化

这种模式以传统农业为产业基础，通过生态约束，建立传统农业的延伸产业，以高效生态农业为主要防线，围绕投入品减量化、生产清洁化、废弃物资源化、产业模式生态化，建立循环、低碳的生产制度，最终实现生态、农业与经济循环发展的目标。具体经营方式有"企业+合作社"和"政府+企业+合作社"两种。以第一产业（主要是农业）为主导产业的乡村生态资源产业化的模式如图 6-1 所示①。

二、第二产业（工业）主导型乡村生态资源产业化

这种模式是利用先进的科学技术对自然生态资源进行科学开发和利用，以使对环境无污染的现代生态工业生产形式，也就是能够实现社会经济发展的绿色工业。建立绿色工业的路径包括：一是通过使用绿色材料，引进节能技术等方式改造粗放型工业结构和生产方式，是原有工业向生态工业转型，也即传统工业生态化；二是在工业不发达但生态资源富集地区，引入或培育农产品深加工，延长农产品产业链，或者以乡村旅游为突破口，运用互联网技术，采用线上线下相结合方式，打造完整工业产业链；三是运用废弃物处理技术，实现废弃物的再回收，形成绿色产业体系等。以工业为主的乡村生态资源产业化模式

---

① 肖庆洲，张波．生态产业化的实现模式与路径探索［J］．江苏理工学院学报，2022（6）：63.

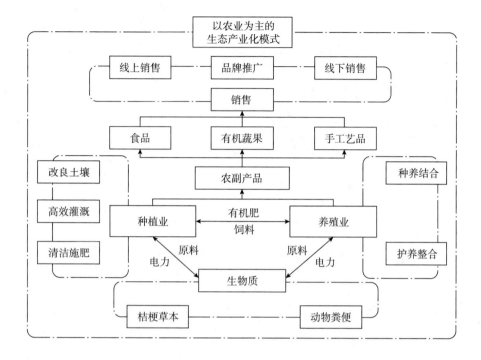

图 6-1　农业主导型乡村生态资源产业化

如图 6-2 所示①。

三、第三产业（旅游业）主导型乡村生态资源产业化

生态旅游注重生态保护，要求环境资源利用必须维持在可控可承受范围内，促进经济社会发展。在培育和建设乡村生态旅游产业过程中，要特别注重生态优势、地理风貌、区位条件、自然禀赋、人文内涵以及相关特色产业基础的挖掘和利用，特别要让乡村元素凸显出来，尽可能留住传统，充分展示乡愁，在坚持生态化、市场化、集约化三原则前提下，将乡村产业围绕生态旅游进行重新布局，目的是实现两者在时空上的充分协同，达到共同发展。具体项

---

①　肖庆洲，张波. 生态产业化的实现模式与路径探索 [J]. 江苏理工学院学报，2022（6）：63.

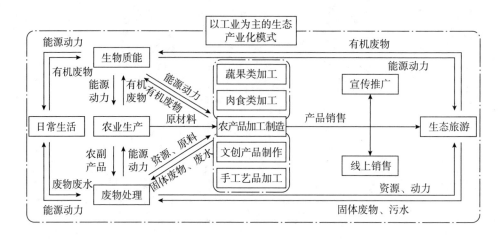

图6-2　工业主导型乡村生态资源产业化

目涉及如绿色餐饮、体验、购物、文创、住宿、康养、会展、游客观光等全方位消费需求，打造集"产、供、销"于一体的以旅游产业为主导的乡村生态资源产业化模式，如图6-3所示①。

四、生态产业集群发展主导型乡村生态资源产业化

借鉴产业集群的内涵，我们可以把生态产业集群定义为基于一定区域内的乡村自然生态资源条件为基本依托，通过发展能够形成不同产业间相互支撑、紧密相连的"三生"产业（即生态农业产业、生态旅游产业和生态工业产业），从而达到保证经济因素能够平行流通，生态因素能够闭合循环为目标的现代产业群落。在乡村"三生"产业之间的相互关系中，完善的生态农业产业是乡村旅游产业能够顺利实现的基础，并为生态农业旅游产品的设计、加工制造提供原料来源；乡村生态工业产业和生态旅游产业为乡村生态农副产品保值增值目标的实现提供渠道。

---

①　肖庆洲，张波．生态产业化的实现模式与路径探索［J］．江苏理工学院学报，2022（6）：63.

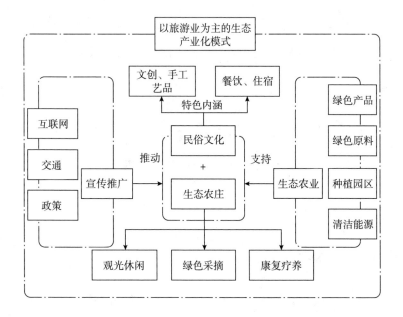

图 6-3　旅游业主导型乡村生态资源产业化

在乡村生态产业集群建设过程中，地方政府应该从多方面提供支持：一是建立专门为生态产业集群发展提供融资的服务中心、构建专门人才引进的工作渠道，目的是提供生态产业集群培育所需的资金和技术支持；二是通过科学规划，建立新能源供给基地，废弃物统一和集中处理中心，作为连接乡村生态产业集群所必需的物质和能量传输链；三是科学改善流通和各项网络设施，使生态产业集群发展中可能带来的能源浪费、产品和服务销售不畅、废弃物污染等问题得到解决，从而实现构建产业共生的乡村生态产业集群。

五、新业态培育主导型乡村生态资源产业化

这种乡村生态资源产业化模式是以培育产业新业态为核心，通过充分全面地挖掘和利用农业产业的多种功能，在不断开拓创新的基础上，开拓现代观光体验农业、现代电子商务农业、现代文化创意农业等新兴产业和新式业态，不断发掘乡村生态资源的附加值。浙江近年来建立了大量的休闲农业观光园，全面实施"电商换市",建立了一大批农产品展卖平台,大大增加了乡村生态资源的价值溢价,真正做到了让"绿水青山"变成"金山银山"。

第三节　乡村生态资源产业化之浙江案例：
茜溪流域生态产业培育

一、茜溪流域概况

茜溪,俗称朱宅溪、朱宅源,位于浙江浦江县西北部的虞宅乡境内,东邻钱塘江支流壶源江,西为浦江、桐庐、建德三县(市)交界之地,南连杭坪镇,靠近X811县道,北枕龙门山支脉木荷湾尖,与大畈乡接壤,距离浦江县18千米,位于浙江西部黄金旅游线与浙江中南旅游带的交汇点上,处于浙、赣、闽、皖四省环状旅游城市群的结构中心,交通便利,坐拥明显的地理区位优势。茜溪发源于虞宅乡的木荷湾尖东北麓,经卢家、石大门至桥头汇马岭美女峰之水,过枫树下、朱宅、下湾、海豹岭脚、牛头山脚汇入壶源江,干流长约13千米,宽6~20米,如其名字一般,灵秀动人,蜿蜒曲折,孕育出独特的乡村文化。茜溪两岸传统古村落星罗棋布,点缀其间,浑然天成的自然风光与悠久厚重的历史文化交汇在此处,成就了美丽迷人的茜溪悠谷。

目前,茜溪流域涉前明、新光、智丰、马岭4个行政村,总占地面积6.83平方千米,人口5367人,拥有田地面积3330亩,山林面积55888亩,典型的山多田少的农业资源地区。农民主要收入来源于农业种植、农副产品加工以及乡村旅游业,人均年纯收入约达15000元。茜溪沿线自然风光旖旎,人文景观丰富。自然地貌景观以红岩顶、美女峰等为典型代表,水域风光以海豹泉、茜溪为代表的,人文景观以马岭古道、灵园古庄园为代表,民俗文化以浦江板登龙、浦江乱弹为代表，人物传说以江南才子朱守公为代表，共同构成了茜溪悠谷整个区域的独特魅力。茜溪沿线的古村落各具特色，新光村于 2012 年荣膺第四批浙江省历史文化名村、"首批中国传统村落"等；马脚岭村于 2014 年被评为浙江级秀美村，马岭古道也于同一年被评上了"浙江省最美森林古道"。马岭脚村、新光村等 3 个村被评为县级卫生村。利民村的荣誉则更高，被评为省级卫生村。茜溪悠谷景区为国家 AAAA 级景区。2020 年 1 月，茜溪所在的虞宅乡入选浙江省 2020 年美丽城镇建设样板创建名单。

新中国成立初期，茜溪地区由于属于山区，村民靠山吃山，没有主导产业的支持，再加之耕地稀少，农民收入甚微，只能在温饱的生活线上挣扎。以农业为主体，沿线各村村民绝大多数从事农业生产，种植水稻、香榧、油菜籽和茶叶等农作物，饲养毛猪和牛羊，生产力极其低下，生产方式和设备的落后，使靠天吃饭的乡民常年饱受水灾侵害之苦，加之朱宅（今天的新党村）地处偏僻，群山环绕，在一定程度上阻碍了当地经济的发展。1953 年合作化时期，上级号召浦江全县各村修建水库，集朱宅众人之力，费时两年四个月修建出一座 22 万立方米的东风水库。此后，乡民又陆续修建了前吴水库、卢家水库、桐浦公路等。随着水库的兴建和公路的开通，茜溪沿线村民的生产生活和交通不再受限，特别是改革开放后，家庭联产承包责任制的实行，使当地的经济发展迎来了新的曙光，村民也终于解决了贫困问题，进入了温饱阶段。

二、重建绿水青山之路

20 世纪 80 年代中期，作为走出贫困乡的虞宅乡开始谋求自己的脱贫之后防止返贫，保证持续致富之路——实施乡村主导产业的第一次转型。自 1985 年虞宅乡政府牵头从上海引进技术和人才、创办浦江装饰品厂获利后，虞宅一带的村民发现从事水晶玻璃加工业是一条不错的致富门路，纷纷投身这一行业。到 1986 年底，虞宅就已有玻璃饰品厂（作坊）22 家，从业人员 106 人，固定资产 15 万元，当年年产值 64 万元，实现利税 9 万元。到 2012 年，茜溪沿线家庭作坊式水晶加工点已达2300余家，从业人员达8000余人，成为茜溪流域的支柱产业。其中，茜溪沿线的新光村更是成为水晶业的集聚地，全村曾有316家家庭作坊式的水晶加工户。同时，水晶产业从虞宅乡和大畈乡的广大农村逐渐发展到遍布浦江县城及其他各地乡村，主打产品从水晶灯饰品发展到水晶工艺品，最终水晶产业成为浦江县最重要的一大支柱产业，年产值达到三四十亿元，让浦江拥有水晶之都的美誉，茜溪虞宅也成为浦江水晶产业的发源地。

然而，产业繁荣的背后，则是对生态环境的肆意破坏，水晶加工点没有规范的污水处理设施，水晶废渣废水随意丢弃排放，绕村茜溪逐渐沦为"牛奶河"，2009~2010年浦江县先后两次被省环保厅确定为全省的治污重点。

作为劳动密集型的水晶玻璃产业必须经历"阵痛"，才能走向转型。2013年，浦江县积极响应浙江省委、省政府的"五水共治"政策，以治水重整河山、以治水倒逼产业转型，掀起了城乡环境综合整治的大幕。茜溪流域作为水晶产业污染重要发生地，在短短2年的时间里共整顿处理了散布各村庄的水晶产品加工户2247家，共68条污染严重的沟、渠、溪、河被清理干净，将符合生产指标和生产条件的水晶加工企业集中转移到虞宅乡水晶产业园区内。同时，虞宅乡进一步抓住了建设美丽乡村的机遇，在整治环境的同时，开发乡村文化资源，将美丽的自然风光与浓厚的历史文化遗产相结合，打造乡村旅游景点，将"绿水青山"变成"金山银山"，茜溪也焕发出往日的神采。

三、茜溪流域生态资源概况

（一）自然资源

茜溪流域自然资源丰富。根据茜溪流域的开发范围来看，自然资源主要集中于地貌景观、水域风光和生物景观三大类（见表6-1）。区内地貌景观主要有浙中丹霞奇石美女峰、千米高山台地红岩顶、海豹山、望夫崖等形态各异的山峰，崖险峰奇，风光旖旎。水域风光主要以茜溪为代表，如同玉带般环绕山村，沿线还有东风溪、太极水涧、马岭瀑布、海豹泉等自然景观交相辉映。生物景观则较多分布于较为平坦的地区，主要包含以玫瑰花为主题的五百亩花谷田园、红岩顶森林公园、千年古樟和榉树等。

表 6-1　茜溪流域的自然资源

自然资源	开发范围
地貌景观	美女峰、红岩顶、马头山、海豹山、笔架山、牛头山、鲤鱼山、元宝山、栖云洞、驼峰山、瞿岩山、千丈山、宝轮洞、望夫崖、大象崖、冲天崖、狮子岭、双乳崖、迎松崖、猿人崖、狮子崖、好汉崖、脊梁崖
水域风光	茜溪、马岭溪、东风溪、太极水涧、马岭瀑布、壶源江、海豹泉、阴山脚瀑布、龙门坑瀑布
生物景观	花谷田园、红岩顶森林公园、红岩黄山杉、南方红豆杉、下湾村千年古樟、守口千年榉树

自然资源相较于其他资源具有直观性特征，自然资源是可以直接作用于旅游者的感觉器官的视听感知的各类要素，是乡村旅游资源的重要组成部分。茜溪流域具有独特的自然资源禀赋和优越的地理位置，通过茜溪这条主线串联沿线各村生态资源，实现资源共享共治，共同开发，集中发展，不断激发生态红利。

（二）生态文化资源

茜溪流域优美的自然生态环境在先民们长期的不断利用和开发过程中，逐渐积累了深厚的历史文化遗存。茜溪沿线的乡村文化内涵层次丰富，无论是以人类干预痕迹形成的物质形态呈现出来的乡村山水风貌、乡村聚落、乡村建筑、民间民俗工艺品，还是以非物质形态遗存下来的家风家训、歌舞说唱、传统工艺、乡规民约、戏曲庙会、民风民俗、宗教文化等，都是茜溪流域宝贵的生态文化资源，如表 6-2 和表 6-3 所示。

表 6-2　茜溪流域的乡村物质文化资源

	乡村物质文化资源
乡村聚落	马岭脚、卢家石大门、桥头古村落、程宅畈枫树下、下湾岭牛头山、海豹脚岭、西山前山畈、荷花塘、高坞口、高山村
历代遗迹	朱氏宗祠、桂芳轩、席场桥、灵岩古庄园、诒榖堂、瞿岩古道、镇东桥、瞿岩岭古道、马岭古道、朱氏罗汉像记
宗教寺庙	胡公庙、圣恩堂、石井寺、瞿爷殿、仙音庙、关公庙

表 6-3　茜溪流域的乡村非物质文化

	乡村非物质文化
民风民俗	朱宅源戏曲文化与皇帝文化、朱宅六月六、赛水龙、浦江乱弹、谢年开门福、浦江板凳龙、浦江迎会、灵岩灯会、迎新娘和新女婿的传统婚俗
传说故事	朱宅天打岗、寺狗讨火种、陈老相公、柴禾的故事、杭灵岩的故事、宝轮寺楼和尚、"圆桥"故事、"乌籽树"的生死恋之谜
传统技艺	茜溪头糕、嗦粉面、观音豆腐、米粉麦衣、五样点心汤、火糕、夹馃、牛轭的制作工艺、马脚岭的拳术、浦江剪纸、郑义门营造技艺
茜溪人物	朱守公、柳贯、朱耀枢、戏班才子朱小毛、烈女薛氏、朱宅民间书画人

1. 物质文化资源

　　乡村物质文化凝聚着一方乡土人们的物质文化追求。以乡村聚落为例，围绕茜溪的新光村、马岭脚等古村落，都具有自己独特的乡村文化资源优势。如位于茜溪源头的马岭脚村，背靠马岭山脉，有马岭古道、美女峰等自然风光，海拔高，空气清，气温低，是避暑胜地，同时村内有一片千年古树群，既可防风又可照荫，古朴典雅，不失底蕴；新光村的明清古建筑群灵岩古庄园集清代民间建筑与儒家、道家文化于一体，尽显古代农耕文明孕育出来的深厚的中华文化文明，历经了 300 余年风雨侵蚀，仍旧保持着原始的淳朴，有"江南的乔家大院"之美誉，无论是从人文景观、文化内涵还是从自然环境等方面都独具特色、蕴含丰富，被列入"中国首批传统村落"名录；前明村靠近浦江县城方向，210 省道沿村而过，交通便捷，是茜溪与壶源江、高污源的交汇处，山清水秀，人杰地灵。此外，宗教寺庙建筑是茜溪地区宗教思想发展、宗教文化传承的直接见证，在历史变迁过程中，石井寺、关公庙和圣恩堂等寺庙建筑被保存下来，充分体现出茜溪地区佛教文化的传承和发展，寄托着村民们渴望平安、吉祥的朴素愿望以及对美好生活的向往。

目前，已经创建完成且粗具规模的廿玖间里青年创客基地、通过招商方式引进的野马岭高端民宿、新光房车花园、新光自驾游基地、下湾太极水涧·中国书画村等都是基于茜溪流域生态物质文化资源为基础形成的新的产业形态，同时又构成了新的文化资源内容。

2. 非物质文化资源

经过先民的不断开拓，茜溪流域有较为丰富的非物质文化被遗留下来。茜溪流域因灵岩公在此建立朱宅，并凭借自家雄厚的经济实力对当地的教育文化都产生的重要影响，形成了具有茜溪特色的非物质文化遗产。"浦江乱弹""浦江板凳龙""浦江剪纸"等被列为国家级非物质文化遗产，"浦江剪纸"更是在 2010 年列入人类非物质文化遗产名录，浦江丰富多样的民俗文化在全国范围内产生了较大的影响。"浦江乱弹"是流传于茜溪流域的一个古老戏曲剧种，在浦江本地菜篮曲、踏歌的基础上逐步发展而来，表演形式多样，曾遍及金华、衢州及江西一带且经久不衰，而茜溪流域受灵岩公对文化教育等各方面义务投入的影响，出现了几位有较大影响的戏曲人物，如朱学森、朱宗馍、朱小毛等，为浦江乱弹戏曲的传承和发展作出了重要贡献。"浦江板凳龙"，俗称长灯，而浦江廿五都朱宅的板凳龙又称灵岩板凳龙、义房板凳龙，皆因在当地具有重大影响力的灵岩公属义房，在清乾隆年代，灵岩公拨出大量田地，拿出大量资金兴办灯会灵岩板凳龙深植于当地村民生活，融合当地民俗，主要为庆发财、庆丰收，祝来年风调雨顺、国泰民安，通常在每年正月十二至正月十六举办灯会。另外，会在当地村民举行接送瞿爷爷、胡爷爷、观音菩萨等活动时轧制板凳龙为其增添节庆氛围。

茜溪的民间故事同样精彩绝伦。"传说故事""人物故事"是茜溪村民对历史的记忆方式，以口耳相传的形式流传，汇聚了茜溪先辈们的智慧，具有很强的生命力。如朱宅天打岗、寺狗讨火种、地藏王、宝轮寺楼和尚、山皇老爷爷成仙、"乌籽树"的生死恋之谜等。从朱守公、孝子朱守绶、朱耀枢和戏班才子朱小毛等人物传记中，得以一窥先辈们的智慧远见、仁德义举及其教育风化、恩泽子孙后代的良苦用心，从中获得启示和鼓舞。这些遗存于各地乡村的精神文化于当地乡村居民的性格、奉行的价值观念息息相关，它隐藏于物质文化中，润物细无声，只有深入乡村中，通过时间的体验才有可能完整领悟和感受。

此外，茜溪地区更是浦江特色美食的发源地。茜溪的头糕、夹馃、米粉麦衣、观音豆腐、火糕、嗦粉面等，都是从久远的时代开始，一直流传至今并仍然为今人所称道的传统美食，真实地反映出了茜溪流域人民群众的传统手艺特色与勤劳智慧之光。

(三) 农业生态资源

茜溪悠谷所在的虞宅乡位于浦江西部山区，具有较为丰富的农业资源存量，占地面积共 58.87 平方千米，其中耕地面积 5876 亩，山林面积 66680 亩。虞宅乡目前仍以农业为主，且农业发展繁荣，大户承包农场、专业合作社、农业公司经营规模的面积约占总面积的 35%，现发展有粮油、水产养殖、有机茶、畜禽养殖、花卉苗木、水果、高山蔬菜七条农业产业链。应国家号召，虞宅乡大力实施绿色通道工程和生态绿地工程，实施道路、河道景观绿化美化，努力提高森林资源总量和林木覆盖率，规划的十里花木绿色长廊，规划面积达5000 余亩，目前已完成 2000 余亩的一期工程。茜溪悠谷位于虞宅乡壶源江流域美丽山水之间，茜溪沿线农业规模约占整个乡的 50%，田地面积为 3330 亩，山林面积为 55888 亩。2018 年，行政村规模调整，茜溪流经的 10 个行政村调整为 4 个行政村，分别为前明（包括调整前的前明、高山、利民行政村）、新光（包括调整前的下湾、新光行政村）、智丰和马岭脚（包括调整前的程丰、桥头、马岭脚、卢家行政村）等行政村，行政村规模调整是通过对人口规模、资源集聚优势、行政管理与组织等方面的考虑进行的，4 个行政村各有优势，各具特色，发展规划各有侧重，农业资本存量也各有不同，如表6-4所示。

表6-4 茜溪沿线农业资本存量与特色农业产业

村名	人口（人）	田地面积（亩）	山林面积（亩）	特色农业产业
前明村	1804	1086	11500	茶叶种植
新光村	993	714	12510	有机茶、蔬菜种植
智丰村	1184	604	10753	蜜梨等水果种植
马岭脚村	1386	890	21125	花卉、香榧种植

前明村位于虞宅乡境内、靠近浦江县城方向，距县城10千米，210省道穿村而过，靠近虞宅乡政府，是茜溪流入壶源江的入口处，有田地面积1086亩，山林面积11500亩，人口1804人，有6个自然村，农业经营优势为茶叶种植，具有一定规模的茶叶种植基地。

新光村位于虞宅乡境内、茜溪中部地段，距县城14千米，有朱宅新屋，即灵岩公朱可宾建立灵岩古庄园之处，茜溪绕村而过，三面环绕，南面紧邻210省道。新光村有田地面积714亩，山林面积12510亩，人口993人，新光行政村包括下湾村、岭脚村、新光村等自然村。是浦江县第一个有机茶生产基地（马良牌乌龙翠峰）。

智丰村位于虞宅乡境内、茜溪中部地段，距县城16千米，紧随新光村之后，是朱宅旧屋，即灵岩公朱可宾建立朱宅新屋之前，朱氏族人居住村落，在朱宅新屋的西部，与朱宅新屋隔溪而望，背靠群山，南临茜溪，210省道沿村而过。智丰村有田地面积604亩，山林面积10753亩，人口1184人。智丰村包含智丰等自然村。该村农业主要以水果为主，拥有蜜梨等水果基地，数家水果专业合作社。

马岭脚村位于虞宅乡北部，距县城20千米，与建德交界，是茜溪源头。茜溪发源于虞宅乡的木荷湾尖北麓，经卢家、石大门至桥头汇马岭美女峰之水，因此，马岭脚行政村位于茜溪的源头，茜溪和210省道穿村而过，背靠马岭美女峰，西临马岭古道，地势较高。马岭脚村有田地面积 890 亩，山林面积 21125 亩，人口 1386 人。马岭脚村包括马岭脚村、桥头村、朱村畈、程宅畈等自然村。马岭脚村山林众多，农业产业以种植玫瑰等花卉和香榧等为主，有规模化的香榧种植基地 3600 亩。

茜溪长约 13 千米，沿线有 4 个行政村，农业资产存量大体相当，然而各村根据自身的优势和长期以来小农经济发展所积累的农业资本和生产资料发展自己的特色农业产业，各村之间既有合作又有竞争，不断促进现代化农业产业的形成。

（四）工业生态资源

虞宅乡政府在 20 世纪 80 年代引进水晶工艺制造技术，开始发展水晶产业，因为投资少、效益高，在很大程度上提高了当地农民的收入，水晶产业迅速在整个虞宅乡兴起，并最终在整个浦江县兴起，成为虞宅乡乃至整个浦江的支柱产业，位于虞宅乡的茜溪流域更是成为水晶产业的摇篮。茜溪不仅用自己的灵秀婉约孕育出了底蕴深厚的灵岩古庄园、如灵岩公朱可宾一般的传奇人物和丰富多彩的乡村文化，而且见证了这里的村民通过自己勤劳、智慧和过人的胆识引进和积累了大量的工业资产，涌现出了一批具有较大规模的水晶加工厂。

水晶产业经过 30 多年的发展，极大地提高了当地村民和当地政府的收入，积累了大量的工业资本，在浙江大力推进"五水共治"政策实施的过程中，浦江县政府、虞宅乡政府和小规模水晶加工企业共同筹建虞宅乡水晶产业园，引进先进的加工设备和废弃物处理设备，将有一定规模的水晶加工厂集中到水晶产业园，对废弃废渣污水进行集中处理，既保全了小规模水晶加工制造业，又解决了环境污染问题。目前，虞宅乡水晶产业园区有工厂 56 家，约有员工 1300 人，多为当地村民。目前，茜溪流域的工业资本存量都已经转移到虞宅乡水晶产业园，主要工业产业也为水晶产业。

（五）私有生态资源

茜溪流域村民私有资产的积累主要通过水晶产业的发展取得。20 世纪 80

年代，水晶产业的成功引进，极大地提高了茜溪流域村民的收入水平，水晶加工作坊资金成本少、技术门槛低、经济收益大，几乎每家每户都能开起水晶加工作坊，从事水晶加工制造。随着水晶产业的不断发展，家家户户的水晶加工作坊与小规模水晶加工厂构成了水晶产业集群，吸引了大批外来务工人员在此从事水晶加工，而当地人凭借前期的资本积累和自身"本地人"的优势，逐渐从水晶加工环节抽身，主要从事水晶灯饰品和工艺品的销售等附加值更高的环节。同时，本地人通过向外来务工人员出租房屋、提供日用品和生活必需品销售等服务，积累了大量的私有资本。

当地人收入提高后，家家户户都建起了新房，搬迁至生产生活环境更加方便的地区。如旧西山村，原来该村房屋建造在西山山坡上，风景优美，但交通运输很不方便，2007～2009 年，整村搬迁到西山新村，在茜溪与壶源江的交汇处，与前山畈村比邻，交通条件和基础设施得到了很大改善。西山新村的建成又促进了前山畈村的旧村改造，于 2011 年启动旧村改造工程，村内民房焕然一新，基础设施也得到很大提高。在这一旧村搬迁、旧房改造的过程中，村民的私有资产都以房产和村内基础设施的形式保存，提高了茜溪沿线村庄的整体形象。特别是 2013 年后，在美丽乡村建设等政策的引导下，茜溪沿线村庄的房屋改造和新建更是在政府和景观设计等专业人士的指导下进行，与当地自然景观和人文景观交相辉映的房屋资产成为后来村民获得收入的重要基础。相信这也是浙江大多数乡村村民私有资产积累的过程，藏富于民，浙江经济发展成果最大限度地转移到普通百姓手中，成就了今天浙江城乡一体化发展、富裕繁荣、百姓生活宁静祥和的局面。

四、生态资源产业化状况与模式

2013 年开始的大规模污水整治工作，致使虞宅乡的大量水晶作坊关停，茜溪沿线村民一度丧失了主要经济来源，开始谋求新的发展出路。茜溪沿线交通便利，通过环境整治，优美的山水环境重新焕发生机，同时借助其厚重的历史文化资源优势，当地政府从茜溪生态资源规模小、分散分布与各村的实际情况出发，积极开展以联合集群开发自然景观和挖掘历史文化内涵，推进串珠成链为特征的美丽乡村建设，积极打造茜溪美丽乡村旅游产业精品线路工程（见图6-4）。自茜溪流域开发以来，政府累计投资达6000余万元，沿着茜溪沿岸建设长达10余千米的游步道，将茜溪流域的所有村庄如珍珠般串联起来，每村根据村域资源和特征同时围绕整个流域统一打造轻旅游的主题旅游产业线路进行开发建设，最大限度地保留了茜溪沿线原有的水文、植被生态和优美环境，打造乡村最宜居的生活体验区域，发展特色乡村观光旅游。

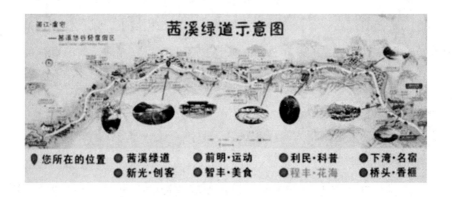

图6-4　茜溪流域生态资源产业化空间布局

目前，茜溪地区特色乡村观光旅游产业已取得初步成效，整个茜溪流域内各个村庄通过发展乡村旅游业而形成各自特色，发展势头良好。特别是新光村通过打造青年旅游创客基地、廿玖间里、双井房文创基地以及新光自驾游基地，发展观光、体验、休闲度假等旅游项目，实现了美丽经济转型升级。

（一）乡村生态资源产业化情况

1. 农业资源产业化

茜溪沿线4个行政村，约20个自然村，经过2018年的行政村调整，对农业生产生态资源进行了有效整合，各行政村村委根据农业资产积累，分别有序推进农业产业规模化，推动农村合作社等组织形成，引进商业资本，促进农业产业经营向现代化转型。前民村与新光村引进有机茶叶种植、加工和销售，两村合作，推进有机茶叶产业链形成，有效提高当地村民收入。智丰村主要种植蜜梨等水果和蔬菜，该村水果种植多为个体经营，种植规模不大，多为 20~50 亩，但该村成立了多家水果合作社，为农户水果种植技术、规模以及销售等方面提供农业产业服务。马岭脚村因背靠马岭美女峰，山多林多，且村内有千年古树群，种有百年香榧等古树，拥有一定的口碑，因此马岭脚行政村下的桥头村等自然村多种植香榧，其中规模化经营企业浙江留家坪林业开发有限公司，种植面积达 3600 亩，为当地村民成立，成为省级林业龙头企业，极大地带动了周边村落香榧种植产业的发展。马岭脚程丰村于 2017 年引花谷田园综合体项目，以程丰村与智丰村之间的区域为主，共计面积 500 亩，种植玫瑰花等花卉，连接生产、销售于一体，并配套民宿、餐饮、花艺园艺等产业，充分发挥农业产业观赏价值，促进农业与第三产业融合。

2. 工业集聚化

自浙江推进"五水共治"政策实施以来，原有的家庭式水晶加工小作坊被全部关停，小规模水晶加工企业在乡政府的引导下集中到水晶产业园。工业园区的产业集聚效应极大地减小了工业成本投资，极大地提高了经济收益。首先，水晶产业园区基础设施建设完善，交通便利，各企业与乡政府共同出资极大减小单个企业对基础设施和交通建设的投资。其次，园区水晶产业集聚便于工业废弃物的集中处理，园区各企业合资引进设施和污水处理设施，减小了环境治理压力和政府部门的监管压力。最后，水晶产业园区的产业集聚效应提高了企业间的竞争与合作，有效促进产品差异生产。目前，水晶产业园区有 56 家企业，员工数量约为 1300 人，人均工资 4000~5000 元/月。工业产业集聚化生产，保证了茜溪良好的生态环境，同时保存了乡村工业资产，虽然不再像过去那样成为茜溪流域的主导产业，但依然保证了乡村工业的发展，解决了一部分人的就业问题。

3. 生态文化经济化

茜溪流域优美的自然风光在 2013 年经过环境整治后凸显出其经济价值，虞宅乡以打造"'两山'理论实践地、乡村振兴排头兵、全域旅游示范区"为引领，执生态之笔，以绿色为墨，从生态觉醒、生态自强阔步迈向生态发展，用"绿水青山"换来"金山银山"。依托丰厚的山水资源、人文底蕴，虞宅成功引进"不舍·野马岭""太极水涧"等生态产业项目。同时，虞宅乡不断挖掘乡村文化资产，充分发挥明清建筑群——灵岩古庄园观赏价值，投资建立"茜溪体育馆""昆虫博物馆"等现代文体项目，结合农业种植产业，突出农业产业的观赏价值，引进"花间里·枫树下"等有较大规模的现代型田园综合体项目，通过举办具有茜溪乡村特色的文化活动吸引游客来村旅游。虞宅乡政府带领茜溪人民将灵秀美丽的自然生态资源和厚重独特的文化资源转化为经济来源，大力发展乡村休闲旅游产业。2018 年，虞宅共接待游客 89 万人次，旅游收入突破 5000 万元，充分发挥了茜溪流域生态文化资源的经济价值。

4. 私有资源经营化

水晶产业的兴起，为茜溪流域人民带来了许多就业和创业的机会，提高了当地人民的收入，使当地人民在满足基本生活需求的同时，能够有一定的财富积累。如同大多数浙江农村一样，茜溪人民将手中积累的私有资产用于建立新房或者进行旧房改造，并将房屋精心装修。除新光村明清建筑群中的住户之外，几乎每户都会在政府划归的宅基地上自建三到四层别墅式住房，建筑面积 300~400 平方米。2013 年政府统一规划后，房屋建设遵循乡村家庭宅院的风格，各家各户的房屋建筑面积依旧较大，对于普通的一家三口、最多五口之家来说，真正用于自家人居住的不超过一半，多余住房用于民宿或农家乐经营。2013 年后，虞宅乡政府大力引进乡村旅游项目，发展乡村旅游业，对于普通农户来说，新兴产业为他们带来了新的机会。

新光村的明清建筑——灵岩古庄园因保留相对完整，政府向农户征收，并出资进行古建筑修护和改造，然后对外招商引进青年创客基地项目。如今的廿玖间里，住户已经不再是白发苍苍的老人，而是一群青年创客，在他们的创客空间里，书画创作、小酒吧、青创咖啡，以及智能交通、旅游农产品体验馆、地质科普馆、篆刻、剪纸、旗袍等呈现在这片老宅子里。目前，驻扎在廿玖间里的青年创客有50多位，共有30多个项目，"一木一叶"的树皮画、"石扁担"的手工糖果糕点、"简曦花艺"的娇妍鲜花、"二鱼子堂"的传承雕刻，这里还不定期地举办"演说家同学会"等演说、读书、创业沙龙等。正如青创基地的发起人陈青松所说，有很多有意思的商品，有很多有格调的小文艺，更能会聚一群有情怀、有故事、有共同怀抱和梦想的有趣的人们。

马岭脚村背靠马岭美女峰，周围有红岩顶森林公园、马岭古道等自然生态区海拔较高，温度适宜，村庄远离城市喧嚣，古树葱郁，林立道路两侧。2015年，浙江外婆家餐饮有限公司投资开发"野马岭·中国村"高端民宿，将整个村子租了下来，打造出一片山间民宿，为当地民宿的发展带来了发展契机。"野马岭·中国村"高端民宿是由坐落在大山深处的原马岭脚村改造而成的，当地居民借高端民宿发展的契机，在位于山脚下靠近210省道的地方自建住房，建成西山民宿集中村，为往来游客提供住房服务。目前，民宿集中村有37家村民自营的民宿，供游客体验居住。

在新光村等旅游项目较多的地方，当地村民利用自家宽敞明亮的住房，开起了农家乐，为游客提供具有当地特色的农家菜，或者在自家门前做着当地的茜溪头糕、嗦粉面、火糕等特色小吃，每家每户都用自己的勤劳和智慧经营着自家的小店，守护着这份宁静悠闲的乡村生活。目前，茜溪流域有农家乐27家，特色小吃店铺有20家左右，多集中在新光村、马岭脚等村。

（二）生态资源产业化的主要模式

茜溪流域自然文化资源十分丰富，农业资源独具特色，工业基础比较深厚，在虞宅乡政府以及各级领导的带领下，该区域各项资源开发较为彻底，产业化开发模式多种多样。

1. 产品直供模式

茜溪沿线乡村生产的水晶灯饰和工艺制品，产品价格比较低、生产流程比较清晰，并且通过多年的发展，形成了完整的产业链，借助义乌小商品市场、互联网市场等将水晶产品直接供给市场；下湾村、智丰村等村庄种植原生态蔬菜水果、香榧等农产品，通过当地龙头企业和农业合作社打开农产品直供市场，向直接市场提供农产品。根据产品特征开发的产品直供模式促进了当地农业产业现代化和工业集聚化的发展。

2. 农业观光旅游模式

茜溪沿线程丰村在2017年下半年启动的花谷田园综合体项目，集玫瑰种植、观光销售和玫瑰加工于一体。整个花谷田园综合体内的子项目包括田园风光欣赏项目、农业生产活动观摩项目、绿色食品的品尝与购置项目、农业技术知识的学习项目等农业旅游活动项目，进入综合体内基本上可以满足对农业的了解和体验的旅游目的，吸引了大批游客来欣赏美景并参与玫瑰的采摘等乡村活动，极大提高了该地对游客的吸引力，实现了农业观光旅游的发展。

3. 乡村度假旅游模式

茜溪马岭脚村野马岭名胜景区集奇秀幽险于一体，美女峰、雄狮吼天、穿针石、神龟问天、孝子峰、将军岗等景点特色鲜明，形象逼真，海拔600米左右，温度适宜。浙江外婆家餐饮有限公司对此处进行投资，经该公司专业团队的精心改造，将此处打造成了隐居灵秀山水间的高端民宿，吸引了不少游客前来体验居住，是乡村度假旅游模式的典范。

4. 科普教育旅游模式

茜溪利民村在虞宅乡政府的领导下建造了昆虫博物馆；同时，虞宅乡还建立了一批科技知识普及与示范基地，比较有代表性的如乌龙山有机茶园项目、万田畈清虾养殖场项目等。通过农业观光园、农业产品展览馆、农业科技生态园等开展农业观光、农业文化展示、参与体验、务农体验游，为游客提供了解农业历史、学习农业技术、增长农业知识的旅游活动，让游客接触实际的农业生产、农耕文化和特殊的乡土气息，践行农业科普教育和旅游的深度融合。

5. 创新创业孵化模式

茜溪新光村廿玖间里引进浦江县青年创业联盟，打造青年创客基地和文创园，并相继开设出青年旅舍、小酒吧、手工 DIY、花艺、书画、地质科普、农产品体验、树皮画等具有文艺特色和乡村特色的小店，为创客提供了一个与文艺小众创业相适宜的创业环境。同时，将互联网体验模式和新型创新发展理念融入到这个充满文艺气息的古村落，使这个流传了几百年的古村落焕发出了与这个时代相称的新光彩。

五、研究小结

茜溪悠谷乡村生态资源的产业化是浙江众多山区乡村发展、实现乡村振兴的一个缩影，是践行"两山"理论的重要例证。在这个过程中，政府、村民和乡贤扮演着各自的角色、发挥着各自的作用，为乡村生态资源产业化贡献了自己的力量。政府有效引导，促进新型绿色企业的引进，提供良好的基础设施环境和具有亲和力经营的营商环境，为企业的投资提供了良好的条件，当地村民的勤劳和敢于尝试使其在这一过程中不落后于经济发展的脚步，从茜溪这个美丽灵秀的山区走出去的各行各业的成功人士也为自己的家乡谋发展、谋生计的过程中直接参与开发或建言献策，他们共同构成了促进乡村生态资源产业化的三螺旋模型，如图6-5所示。

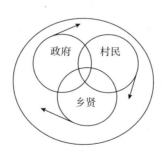

图 6-5 乡村生态资源产业化三螺旋模型

三螺旋模型最早是关于创新模式的概念模型，由荷兰的勒特·雷德斯道夫提出，大学、产业、政府在实现创新的过程中既表现出另两者的能力，同时保留着自己原有的作用和独立的身份。在茜溪悠谷生态资源产业化的过程中，地方政府、村民和乡贤之间的相互促进耦合形成了推动乡村生态资源产业化的合力，最终实现乡村生态资源产业化，进而推进乡村振兴目标的实现。

在三螺旋模型中，每条螺旋能够自运动并产生交互作用，最主要是因为三者追求的利益各不相同。地方政府追求地方经济发展和执政业绩。在面对上级推行的"五水共治"的政策，地方政府必须执行，需要整顿关停不合规家庭小作坊，并为弥补过去为发展水晶产业而对环境造成的破坏，还需要投入大量的资金进行环境修复。水晶产业整顿关停使地方经济发展骤然失去方向，必须引进新的产业，推动地方经济持续发展，不会出现骤然下降的情况，同时兼顾生态环境问题。当地村民要维持家庭经济来源，提高家庭收入，水晶加工产业虽然没有被彻底清除，但仍然会使大部分人面临失业的风险，他们要谋求新的生计，面对恢复一新的家乡环境，村民同样不愿意再次破坏秀美家园。走出家乡的企业家等乡贤受地方政府邀请为家乡发展建言献策，一方面受文化传统和情感力量的牵引，另一方面为追求自身利益最大化，因为对家乡的熟悉和对当前市场环境的熟悉，企业家们能够挖掘出家乡发展的新商机，符合自身利益最大化的追求。三者追求各自利益，保持相对独立。

另外，三螺旋中的三方参与者作为理性主体，都具有自身的社会功能和主体意愿，他们有相同最终目标。面对低端制造业的强制废除，地方政府既要推进地方经济持续发展，又要履行保护生态环境的职责，需要促进乡村产业转型升级、保证经济发展和自身执政业绩；地方村民同样渴求经济成功转型，以求在新的发展阶段找到新的谋生途径，拓宽家庭经济来源；有见识、有能力的乡贤能看到家乡发展的新商机，希望家乡产业能够成功转型，不管是只提供一些信息还是提供资金、引进社会资本，都能使自己得到情感上或经济上的满足。

政府、村民、乡贤三者之间利益诉求不同，但三者最终目标都是推动乡村经济持续发展，促进乡村产业成功转型升级。在各自利益的驱动下，三者根据乡村生态资源优势，都愿意开发新的产品、寻求建立新的产业。政府投入大量资金用于修复古建筑和基础设施建设，召开乡村人才座谈会，促进社会商业资本引进，是乡村生态资源产业化的组织者。村民在当前经济发展新形势的引导下，一方面配合政府做好房屋和土地征用工作，另一方面搭乘乡村产业升级的便车，投入民宿、农家乐等利用生态资源特色构建新产业的活动中，成为享受乡村生态资源产业化带来的丰厚收益的一分子，是乡村生态资源产业化的主要参与者。乡贤通过地方政府和亲戚朋友了解了家乡当前的发展状况，凭借自身丰富的经验见识和广泛的人脉关系，深入挖掘家乡发展的新商机，帮助引进社会资本或自己返乡投资创业，是乡村生态资源产业化的主要践行者。

　　政府、村民和乡贤因各自不同的利益追求，对乡村发展有相对独立的决策空间。同时，三者最终目标一致，在各自利益驱动下，对乡村经济发展的推动力最终形成促进乡村生态资源产业化的合力，推动茜溪流域乡村经济结构转型升级，最终达到乡村产业兴旺发达、村庄生态宜居、乡风文明和谐、乡村治理有效高质、乡民生活富裕丰富多彩的目标要求，最终实现茜溪流域的乡村可持续发展，如图6-6所示。

　　从低端制造业向清洁绿色产业转型是实现乡村经济可持续发展的"惊险一跳"。自改革开放以来，浙江宽松的地方政策虽然推动了乡村私营工业蓬勃发展，但也带来了严重的环境污染问题，在新的历史阶段新发展理念的指导下，恢复生态环境，推动乡村产业转型，将"绿水青山"变成"金山银山"是实现当前发展阶段必须面对和要妥善解决的问题。转型成功，生产力进一步提高，产业发展更加绿色友好；转型失败，乡村逐渐走向衰落和凋零。以茜溪悠谷为代表的浙江山区乡村在地方政府、村民和乡贤的合力推动下，平稳渡过"惊险一跳"，促进乡村走向新的繁荣。

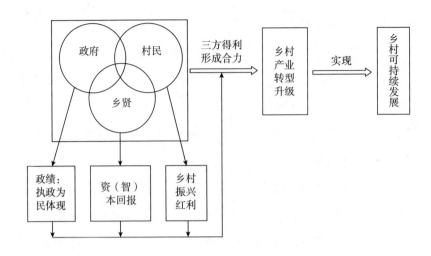

图 6-6　乡村产业转型升级助推乡村可持续发展路径

第七章 中国东部地区生态资本效率测度及影响因素研究

第一节 问题的提出

一、研究背景

改革开放以来，中国经济保持 40 余年的持续高速发展，取得了极其巨大的成就，但在发展过程中以牺牲资源和环境为代价，在此背景下中国政府认识到这种趋势的不可持续性，明确提出了可持续发展战略，明确生态资源资本化实现路径成为促进中国经济与资源环境协调发展的重要切入点。生态资源资本化路径实质上是"绿水青山"如何转化为"金山银山"的转化路线。

中国共产党第十九次全国代表大会报告，明确提出了建设生态文明，坚持人与自然的和谐共生，大力促进社会绿色发展的战略思路。要进一步贯彻落实绿色发展的战略思路，重要的是必须要把生态文明建设思想内化到市场经济运行机制中，通过生态资源资本化的实现形式的创新，促进资源要素的保值与增值，才有可能重新构建生态文明建设所需的经济基础，促进社会经济沿着绿色之路发展，真正把人与自然和谐共生落到实处。2021 年召开的中央全面深化改革委员会第十八次会议上强调，要推进生态产业化和产业生态化建设。2022 年 10 月，召开的中共二十大，在大会报告中进一步提出了中国式现代化是人与自然和谐共生的现代化的科学论断，强调人与自然是生命共同体，要坚持可持续发展的理念。因此，乡村生态资源转化为生态资本已经成为一种必然的趋势。

生态文明制度理论的提出与发展，不仅指明了自然资源特别是生态农业资源的资本化方向，也提供了可靠的保障。农业生态资源是自然资源的主要体现，是自然资源的主要组成部分。优良的生态农业资源本身是重要资本，可以进一步资本化。深入研究和利用农业的生态资源，可以直接带来经济效益和社会效益，同时改善和发展良好的生态环境。可见，在生态文明制度理论的指导下，农业生态资源生产要素将受到更多关注，在资源开发利用过程中，人们更加尊重自然生态的发展规律，保护生态环境。"绿水青山就是金山银山"理论为中国经济转型发展和供给侧结构性改革指明了发展方向。中国各省在生态文明制度理论和"绿水青山就是金山银山"理论的指导下，不断探索发挥各省生态环境优势，持续加大对生态资源利用技术的投资，加快探索发挥生态资源对经济绿色发展的作用，规范治理乡村生态环境，确保持续增加满足人民对于美好生态环境的需求。

生态资本是经济社会发展延续的重要基础。中国生态文明建设涉及生态资本的测算。与此同时，生态资本的效率及其涉及的相关问题是环境经济学、生态经济学等学科重点研究的课题。当今，中国学者关于生态资本的研究重点主要关注生态资本运营情况以及对经济社会发展的影响机制等方面。实际上，"绿水青山"是关于自然资源的一个体系，不仅产出有形的自然资源商品，还可以产出无形的生态服务功能。"绿水青山就是金山银山"，实际上是生态资源价值转换的表现。

通常情况下，生态资源价值转换路径主要包括生态产品直接交易路径、资本化路径等。其中，生态资源资本化路径指在明晰产权归属的前提下，将生态资源转变为生态资产，进而将生态资产作为生态要素投入到市场，具有价值增值的作用，并转化为生态资本的过程。国家政策明确指出，要推进经济发展方式向绿色转变，坚持不懈推动绿色低碳发展，建立健全绿色低碳循环发展经济体系，促进经济社会发展全面绿色转型。在此背景下，如何提高生态资本效率成为经济社会发展向绿色转型的关键问题。目前，对于生态资本的研究大部分是从相关概念、意义以及资本化路径的探讨等方面入手的。生态资本对东部地区经济社会发展具有重要的促进作用，分析测度东部地区生态资本效率的水平并找出相应的问题，根据经济发展理论分析影响因素，并根据现状提出有针对性的建议对策，可推进东部地区经济绿色低碳发展，实现经济社会发展全面绿色转型。

二、研究意义

2012 年，"生态文明建设"被写入了党章；2017 年，"绿水青山就是金山银山"理念被写入了党的十九大报告；2035 年的国家愿景与目标和"十四五"规划都明确提出要加快促进中国经济社会发展全面绿色转型。

（一）理论意义

首先，生态资本涉及经济、社会和环境等多领域的概念，对生态资本效率开展定性和定量探索既可以进一步拓展生态经济学的研究内容，也可以丰富生态经济相关学科的研究角度，为中国特色的经济发展理论的内涵提供一些补充。

其次，与国外相关研究相比，由于中国生态经济学研究起步相对较晚，生态经济理论与实践经验比较欠缺，尤其是欠发达地区，广大的乡村地域，不具有生态资本发展的资源优势、技术优势和经济发展优势，导致乡村生态资本发展状态不理想，进而不能提供理想的研究案例和相关信息，有很多研究问题需要进一步解决。因此，通过构建生态资本效率测度指标体系，并利用这一指标体系对中国东部区域省份进行测度，可以比较充分地揭示东部地区各省域生态资本效率的区域差异、时空演变情况及其对效率差异产生的影响因素，研究结果可以为中国其他地区开展生态资本效率的测度，修正相关发展政策提供有益的参考和依据。

最后，通过对东部地区生态资本效率的测算、时空演变分析和影像因素的研究，有助于分析和判断东部地区不同地域的生态资本效率发展情况以及演变趋势，从而为进一步地探索生态资本效率的测度方法提供借鉴与思考。

（二）现实意义

生态资源资本化可以有效激活稀缺的生态资源，进一步加快生态资源的流转，实现生态资源的增值。生态资源资本化使得生态资产价值实现可量化，激发生态资本的增值潜能，缓解经济发展所面临的资源匮乏问题，实现生态资源的价值最大化。东部地区是中国生态经济最重要的发展区域，通过对中国东部地区各省份生态资本效率的相关研究分析，可以为该地区的绿色发展提供更加坚实的理论支撑，也可以为不同省份全面提升生态资本效率，修正相关绿色发展政策提供参考与指导，从而促进东部地区经济社会发展向全面绿色发展转型。

第二节　相关研究文献梳理

一、关于生态资本概念的探讨

国外学者对于生态资本概念的研究起步较早，他们习惯上把生态资本解释为自然资本。Vogt（1948）首次提出"生态资本"，是指一个国家的生态资源可以对本国的许多能力所产生的巨大影响力，包括国家债务偿还能力，能够界定自然资源为影响国家经济社会发展的一种资本——生态资本。Smith（1988）认为，自然资源以及提供的环境服务多种多样，自然资源在发展的过程中会成为有形的资产。Sarageldin（1995）提出，生态资本包括全部的生态资源。Adam 等（2003）指出，可以将自然当作一种有自身价值、投资和增值的资本，能够与经济发展和生态保护结合起来。Pearce（1990）研究得出，生态资本具有环境自净能力、生态发展潜力、保持生态环境质量能力和生态服务能力四个部分。Costanza（1992）认为，自然资本是一个存量的概念，包括土壤、森林和水等自然资产存量所产生的对未来有价值的生态系统的产品与服务。生态资本能够在现在和未来为人们提供所需的物质和服务的自然资源存量，包括土壤、空气、水、森林等人类使用的一切资源（Daily，2000；Paul，2000）。

国内对生态资本概念的界定主要从三个角度出发：经济价值角度；资源、资产、资本转化的角度；将生态、经济、社会当作一个整体角度。刘思华（1997）通过对可持续发展的理论思考，在国内首次提出生态资本的基本概念并在此基础上提出生态资本包括资源环境、生态潜力、生态环境质量和生态系统呈现的有用性四个方面。孙东煜、王震声等（1999）基于社会经济价值的角度，研究表明，生态资本从有形的商品价值和无形的服务价值两个方面体现生态资本资源利用的社会经济价值；进一步从资本的视角，阐述了从适应可持续发展思想而生发的自然资本观，以是否有人类劳动的投入为依据，把生态资本分为人造生态资本和纯生态资本。牛新国、杨贵生等（2003）提出，生态资本具有一般自然属性和生态属性。范金（2000）基于资源、资产、资本的视角定义生态资本，认为生态资本是生态资源在确定产权后转化为具有使用价值的生态资产。王海滨、邱化蛟等（2008）指出，生态资本是一个有比较明确边界的"生态—经济—社会"的复合生态系统中，具有特殊的生态功能和服务功能优势的生态系统，其中包括三部分：环境质量要素存量、结构和过程以及信息存量。张兵生（2009）指出，生态资本不仅具有一般资本的共性特征——保值增值，还具有不同于其他资本的特殊性，即生态资本所特有的基础性、公用性、自然性和不可替代性。严立冬、谭波等（2009）通过对生态经济学研究文献的梳理，提出生态资本构成要素包括四部分，即使用价值要素、产权要素、生态技术要素以及生态市场要素，进而基于前人的相关研究，把生态资本的概念概括为整体论、二分法、三分法、四分法四种代表性观点，并在此基础上进一步阐述了生态资本构成要素的内涵，即生态资本的使用价值要素是生态资本的形成要素，产权要素构成生态资本的确立要素，生态技术要素构成生态资本的形态转化要素，生态市场要素构成生态资本的价值实现要素。这一理论阐述为生态资本的理论探索奠定了比较扎实的理论根基，具有重要的理论价值和现实指导意义。

二、关于生态资本路径转化研究

由于资源的稀缺性，必然导致生态资源所有权会不断发生变动，这是生态资源不断转化为生态资本过程中最重要的特征。在确定产权归属的前提下，作为生产要素投入到市场产生社会效益，进而完成自然资源的资本化。Daily（1997）指出，要达到资源的高效利用必须实现生态资源的资本化。Shibata（2014）通过对生态资本投资的不确定性特性的研究发现，生态资本及其未来的收益情况与生态资本的不确定性有密切关系。Galli（2015）运用生态服务价值法研究了自然资本的价值，发现因为人类对自然资本量化困难而造成忽视自然资本对人类经济社会发展的作用，空间、时间和价值是影响自然资本投资回报率的关键因素。

国内学者认为，生态资本化理论严格遵循"生态资源—生态资产—生态资本"的演化过程，其中，包含两大环节——生态资源资产化和生态资产资本化。生态资源资本化是实现生态资源价值的最有效的途径。高吉喜等（2016）研究表明，实现生态资产价值并且进行增值的最有效的途径是生态资源到生态资产进而转化为生态资本。严立冬、谭波等（2009）基于生态资源资本化的理论和现实基础，阐述生态资源、生态资产和生态资本三者之间的内在联系。与此同时，探讨了生态资源价值实现的资本化过程，提出了生态资源转化为生态资本需具有稀缺性、产生效益和产权明确三个重要条件。

生态资产资本化既是实现生态资产价值增值的重要途径，也是生态资源实现价值的最终结果。高吉喜、李慧敏等（2016）通过对相关生态资源、生态资产、生态资本概念的辨析，提出生态资产资本化概念，进而讨论了生态资产资本化的四个过程：前期投资、生态资本运营、价值实现、生态建设。

三、关于生态资本对经济增长的作用研究

关于生态资本对经济增长的作用方面的研究，国外学者的探索多于国内学者的研究。Crowe（2008）认为，自然资本与经济发展有密切关系，社会经济发展所依赖的因素中自然资本的各个组成部分相较于社会和人口因素，影响力更为巨大。Brand（2009）研究发现，社会经济可持续发展必须保持自然资本存量的整体性，同时与自然资本及生态资源的自我恢复力有密切联系，可再生的自然资本影响生态资源的恢复程度。Roseta-Palma（2010）认为，经济增长是多种资本共同作用的结果，其中包括自然资本，论证了利用自然资本解决市场失灵的方法。Fleming（2015）研究了自然资本对增加国民收入，维持生态系统，促进居民生命健康，提高人民福利水平有促进作用，但发现运用以前的经济数据对自然资本真实价值的测量无法做到精准。Schreyer（2016）在研究自然资本在生产率变动过程中的作用时发现，自然资本在经济增长有非常重要的作用，同时进一步阐述了不同的生产率直接影响自然资本。Missemer（2018）在梳理前人研究成果时发现，在对经济发展水平的评估过程中，自然资本的存量对经济发展具有重要的影响。

四、关于生态资本效率方面研究

Schaltegger 和 Sturn（1990）基于经济社会活动产生的经济价值和环境污

染，在学界首次提出"生态效率"这一观点。Kristin（2005）研究指出，能够将传统经济学中的经济输出与环境输出的比值和产出与投入的比值作为测度生态效率的指标。Dychkhoff（2003）通过将优化结构加入到传统的 DEA 模型中研究生态效率，Korhonen（2004）运用拓展的 DEA 通过分析欧洲 24 家电厂的数据，研究生态效率并作出相应的评价。Hahn（2010）通过使用边际成本的生态效率评价方法，分析德国大型企业的二氧化碳的生态效率，研究结果表明，大型企业生态效率的提高可以从环境良好、经济发达、所选的研究参照物的比较优势的角度出发采取相应行动。Ingaramo（2011）通过选取清水的使用效率、存量水和废水的需氧量三个独立的指标分析蔗糖产业中水的生态效率。国外学者在计算生态资本的过程中基于不同的理论采用不同的评估方法，选择随意性比较大，由于核算的方法差异比较大，可能导致不同的结果。

严立冬等（2013）指出，生态资本效率是物质投入量与产出的比值，即通过生态资本而获得的物质投入的回报率。研究表明，由于工业化的推进，生态资源枯竭、环境污染，要想经济全面绿色转型发展，不仅要减少消耗资本，还应通过合理投入环境资本来提高环境的生态资本。通过利用非径向非角度的 SBM 模型基于 2003~2010 年的省域数据来计算生态资本效率，结果表明，中国生态资本效率总体上来说水平偏低，东、中、西部呈现明显的地域差异。杜玉玲（2017）研究中国近海 11 个省市的海洋环境资源的效率，结合海洋投资估算中国近海 11 个省市的生态资本现状，根据超效率的 DEA 模式以三阶段 DEA 计算近海生态资本效率的实际数值，结果表明，中国经济和生态资本的效率不一致，中国海洋经济与生态要进一步协调发展。石健等（2018）利用超效率的 DEA 研究东北地区 2007~2019 年的生态资本效率，结果显示，整体而言，东北地区生态资本效率良好，但地域空间具有较大的差异。黄颖利等（2022）通过将生态福利作为产出指标来核算生态资本效率，使用超效率的 SBM-DEA 模型变异系数和 Malmquist 指数计算中国省域生态资本效率。结果表明，东部地区和西部地区生态资本效率处于有效阶段。

五、关于生态资本的现实运用研究

生态资本的现实运用研究主要涉及三大方面：一是生态补偿研究；二是生态资本运营研究；三是生态资本理论在相关领域的实际应用研究。其中，在生态补偿方面，王海滨、邱化蛟等（2008）就实现生态服务价值的新视角方面，提出实现生态系统服务价值的最有效途径是实施生态补偿，这项措施对中国社会的可持续发展具有非常重要的促进作用。毛显强、钟瑜等（2002）在梳理和研究国内外相关文献过程中，阐述了生态补偿的理论基础、类型和机制，在此基础上深入探讨了生态补偿的概念和内涵界定。同时研究发现，生态资本的运营是实现生态服务价值的十分现实的手段，是在中国现行的经济条件下，最有可能实现的生态服务价值的可行途径。黄鹂（2013）、刘加林（2015）、李小玉（2014）等对生态资本运营的外部性问题、运营机制和构成要素，分别从经济学外部性理论、生态补偿理论和功能论视角进行了深入探讨。关于生态资本理论的具体领域的应用，陈尚、任大川等（2010）利用自然资本和生态系统服务的相关理论，并结合国内外学者对于"自然资本""生态资本"等概念的解释，根据海洋生态系统所具有的特性，提出海洋生态资本的概念。严立冬、邓远建等（2011）利用农业生态经济学和生态经济学相关理论，把绿色农业理论和生态资本相互结合起来，对绿色农业生态资本积累机制和政策进行了研究。程勤阳、何龙娟等（2012）立足于生态资本运营的理念，对农业园区进行规划，分析将生态资本运营思想应用于欠发达但生态环境较好的农业园区。张媛（2015）从生态资本相关理论具体应用的角度，研究了申领生态补偿所具有的战略意义。

六、关于生态资本效率影响因素研究

关于生态资本效率的影响因素方面，国内学者主要从环境方面、产业结构方面、技术水平方面、经济发展水平以及城镇化水平进行分析论证。

顾程亮等（2016）根据面板数据使用协整方程的方法检验了环境相关政策、政府在节能环保方面的财政投入、产业结构、城镇化水平、技术水平以及地区人均生产总值六个因素对生态效率的影响。研究结果显示，政府在节能环保方面的财政投入对生态资本效率的影响呈倒 U 形，产业结构、环境相关政策以及地区人均生产总值对生态资本效率呈正向影响；城镇化水平对生态资本效率呈负向影响，且影响很显著。技术水平对生态资本效率的影响为负向影响，但影响不显著。黄亮雄等（2016）通过对中国省域的人均生产总值、产业结构、城镇化水平、环境规制等 9 个因素进行面板模型检验。得出结论：人均生产总值对生态资本效率的影响呈倒 U 形的影响，环境规制强度、环保意识对省域层面的生态资本效率的影响呈显著的正向影响；环境治理和实际利用外资对地区生态资本效率的影响呈显著的负面影响；而对外依存度、城镇化水平以及地区的能源结构对省域生态资本效率的影响不显著。王晓玲等（2017）通过建立 Tobit 面板模型根据 2004～2014 年东北老工业基地的 23 个地级市十年内数据，检验人口规模、经济规模、产业结构、技术水平、对外开放测度以及环境法规等对生态资本效率的影响，结果表明，人口规模、经济规模以及产业结构对当地生态资本效率具有显著的正向影响；对外开发测度以及技术水平发展程度对该地区生态资本效率的影响呈显著的负向影响。而环境规制对该地区生态资本效率的影响不显著。郭露等（2016）通过利用 2003～2013 年的中国东部地区 6 个省域的工业数据，通过建立面板 Tobit 模型，以检验工业结构、环境治理能力、研发投入以及利用外资的能力对省域的工业生态资本效率的影响。研究结果显示：研发投入以及利用外资的能力对省域的工业生态资本效率呈显著的正向影响；环境治理能力对工业生态资本效率的影响呈显著的负向影响，而工业结构对工业生态资本效率的影响不显著。

严立东等（2013）通过将环保投资、城市环境基础投资、环境源治理投资额度以及自然保护区面积和造林面积作为影响因素研究测算 2003～2010 年中国省域生态资本效率，结果表明，提高东部地区生态资本投资可以明显提高生态资本效率，但中部和西部提高不明显。石健等（2018）选取人均 GDP、旅游业占 GDP 的比重、环境保护方面的财政支出占地方财政预算的比重、城市化水平和林业投资水平五个方面作为影响因素进行分析。结果显示：人均 GDP 和城市化水平对生态资本效率提高具有明显的正向作用，而林业投资水平对生态资本效率具有不明显的负向作用。旅游业占 GDP 的比重和环境保护方面的财政支出占地方财政预算的比重没有对生态资本效率产生显著影响。屈志光（2014）从农业生态资本视角出发，研究生态资本对农业产值增长的促进作用，发现农业生态政策会阻碍农业生态资本效率的进一步提高，农业生态资本投资的增加会对生态资本效率产生显著的正向作用。马兆良（2018）研究发现，生态资本可以推动经济发展，这种影响主要是通过生态资本的正外部性的方式实现，他把生态资本推动经济发展的途径具体细分为人力资本与技术进步两个方面。

　　综上所述，国外学者把生态资本称为自然资本，对自然资本的研究比较早，研究范围比较广泛，主要集中在自然资本的投资、管理和经济增长之间的关系。研究方法比较科学。国内研究者对生态资本的研究主要集中于生态资本的含义、运营、与经济增长之间的关系等方面。早期，国内学者主要阐述生态资本含义，与此同时，探究生态资本的演化过程。近几年，国内学者深入研究生态资本的运营及与经济增长之间的相互关系，但多数学者多以定性研究为主，以生态资本理论为基础，研究生态资本运营的相关规律，缺乏一定的定量分析以及对区域生态资本效率的测算和演化过程的分析研究。本章基于国内外学者的研究成果，力图运用定量分析方法，对东部地区 10 省市的生态资本效率进行测算，进而分析该区域各省市生态资本效率的时空演化特征和相关影响因素。

第三节　相关概念的界定与理论基础

一、相关概念界定

（一）东部地区

中国区域范围广阔，区域划分有多种方案，其中包括三大经济地带和四大经济板块等。本书采用三大经济地带划分法，即全国划分为东部、中部、西部三大区域。本书根据国家统计局发布的《东西中部和东北地区划分方法》中划定的东部地区范围，选取研究对象东部地区包括北京、天津、河北、山东、江苏、上海、浙江、福建、广东、海南，共计 10 个省市。

（二）生态资本

生态资本指生态资源在确定产权后转换成有价值的生态资产。通过投入生态资产形成生态生产资料并通过产出要素投入生产经营中进而进入市场运营形成生态产品。1948 年，Vogt 首次提出"生态资本"的概念，指出生态资本是一个国家的生态资源可以对本国的许多能力所产生的巨大影响力，包括国家债务偿还能力，能够界定自然资源为影响国家经济社会发展的一种资本——生态资本。1987 年，布伦特兰委员发表了一份报告——《我们共同的未来》，在这份报告中首次阐述了生态资本内涵。该报告中明确指出环境是一种资本的形式，即生态资本。在对生态资本的管理中，必须控制好生态资本存量，进而可以通过运营生态资本达到改善居民收入分配水平。同时，该报告指出最原始的生态资本形式是生物圈和自然环境。

国内研究者主要从三个方面对生态资本进行了界定：第一，从经济价值视角定义生态资本。即直接把自然资源和环境所具有的经济价值定义为生态资本，具体包括生态环境为人类生存发展提供的物质产品价值和服务价值两部分。生态环境的质量、稀缺性和利用程度决定了生态环境的总价值。第二，基于资源、资产和资本视角界定生态资本。生态资本需要依赖于自然环境的自我调节能力和生态系统保持整体稳定性。第三，基于生态、经济、社会宏观大背景视角界定生态资本，由此出发生态资本被定义为由三部分内容组成——环境要素存量、要素结构存量和相关信息存量（王海滨、邱化蛟等，2008）。

生态资本和生态资产之间存在明显区别，生态资本是具有增值功能的生态资产，生态资源是生态资本最初的状态。生态资源只有确定了明确产权后才能被称为生态资产。在此基础上，外部资本的介入可以使生态资产转化为生态资本。生态资本具有权属性和有价性双重特性。严立冬、谭波等（2009）认为，生态资本由生态技术要素、使用价值要素、构成要素、产权要素和生态市场要素五部分构成。

（三）生态资本效率

生态资本效率简单来说就是投入产出比。即对一单位的环境的投资产生的满足人们需求的物质资本服务的数量。生态资本效率是物质资本服务总量与投资的生态资本量比重。经济与合作组织对生态资本效率定义为：生态资源被使用到满足人类需求的效率。生态资本效率计算方法大致分为三种：经济/环境单一比值法、指标体系法和模型计量法。其中，指标体系法由相互独立同时又有整体联系单位多种指标构成的生态资本效率指标体系。指标主要由以下几大类构成：物质损耗、能量损耗、土地、劳动力以及生态环境等。生态资本效率的影响因素主要涉及环境规制方面、产业结构方面、技术水平方面、经济发展水平以及城镇化水平等方面。政府在环境方面的规制目的是促进经济的可持续发展，通过相关政策法规的制定来调节经济活动，进而缓解环境污染对经济发展的负面影响，产业结构主要涉及农业、工业在地区经济结构所占的比重。技术水平主要指环保技术的发展但对经济活动的影响。戴铁军等（2005）选取资源效率、能源效率和环境效率来计算钢铁行业的生态效率。王飞儿等

（2008）把生态效率分为资源效率（R）和环境效率（P）来研究，将生态效率计算公式为 $E = \sqrt{R^2 + P^2}$。李胜兰等（2014）研究得出，环境规制能够阻碍生态效率的增长。顾程亮等（2016）基于对财政上对节能环保的投入方面对生态效率的影响进行研究分析，得出技术水平和产业结构会促进生态资本效率的提升，而城镇化水平会阻碍生态资本效率的提升。

二、理论基础

（一）"绿水青山就是金山银山"理论

在经济科技高度发达的当下，仅仅依靠经济增长不具备可持续发展。只有依靠生态环境与经济增长协同发展，才能给经济快速发展提供不断的动力。

中国共产党第十九次全国代表大会报告把建设生态文明确定为中华民族保持永续发展的千年大计，因此必须始终坚持"绿水青山就是金山银山"理念，实行最严格的保护生态环境制度，努力为人民群众创造优质的生活环境，满足人民日益增长的美好生态环境的需要。贯彻落实"绿水青山就是金山银山"理念，最重要的是把生态文明思想内化到市场经济运行机制中，通过生态资源资本化的实现形式创新，促进生态资源要素的保值与增值，只有这样才有可能重新构建生态文明建设的经济基础，促进经济绿色发展，做到人与自然和谐共生。"绿水青山就是金山银山"理论的根本是把"绿水青山"变成"金山银山"，因此在经济发展过程中需要协调好人与自然的关系、环境与经济发展的关系、产业生态化和社会现代化之间的关系。"绿水青山"即生态资源，在明确产权的前提下，具有一定的经济价值。生态资源通过合理的开发管理和运营，具有可持续的价值增值能力。生态资源资本化的过程实质上就是"绿水青山"转化为"金山银山"的过程。

"绿水青山就是金山银山"理论的思想起源来自三个方面：第一，马克思恩格斯的人与自然关系理论；第二，集成和弘扬中国传统哲学中蕴含的"天人合一"思想的正能量内核；第三，中国共产党历届领导集体指导思想智慧结晶中丰富的自然生态思想观念。这三方面的思想虽然来源路径不同，但本质上存在内在关联性。马克思主义关于人与自然关系的相关理论与中国传统哲学中关于"天人合一"思想的合理内核成为中国共产党历代领导集体形成正确的指导思想中关于自然生态思想奠定坚实基础，中国共产党集体智慧结晶中关于自然生态的思想中最重要思想之一是十分强调人与自然的和谐相处，最核心的部分是要求把"绿水青山"能够顺利转化为"金山银山"，从而达到实现生态保护与经济发展的和谐协同。这些思想与乡村振兴战略相结合，形成了各地乡村必须依据各自自然生态资源特征，做好生态振兴工作，大力发展乡村经济，最终实现乡村全面振兴目标。

"青山绿水就是金山银山"理论把经济发展与生态环境进行了有机结合，认为合理的产业结构和科学的发展方式可以有效促进经济发展与生态环境的相互协调。这一理论也阐明了生态资本的实践路径，首先要促进当地产业生态化转型升级，因地制宜发展绿色生态产业，实现生态资源科学循环利用；其次要通过明晰产权，完善生态产品市场化机制，提高生态产品市场化率。可以通过大力发展以生态农业、生态旅游等生态产业为代表的乡村产业培育和建设，促进生态文明建设。"绿水青山就是金山银山"是新时代习近平生态文明思想的核心内涵，也是生态经济理论的题中应有之义。科学合理地处理好"绿水青山"与"金山银山"的相互关系，就是要科学合理处理好生态保护与经济发展的关系，既不是过多消耗资源和生态环境，也不是舍弃经济发展，而是把自然生态环境作为推动生产力发展的新因素。这是"两山"理论对发展规律的深刻认识，体现了新发展理念的精髓要义。

（二）生态文明制度理论

《努力建设人与自然和谐共生的现代化》一文中强调"生态环境保护和经济发展是辩证统一、相辅相成的，建设生态文明、推动绿色低碳循环发展，不仅可以满足人民日益增长的优美生态环境需要，而且可以推动实现更高质量、更有效率、更加公平、更可持续、更为安全的发展，走出一条生产发展、生活富裕、生态良好的文明发展道路"①。生态文明制度建设是以整个制度体系为中心进行顶层设计和战略部署，而不仅仅是单一制度的制定。构建完善的生态文明制度体系，有利于体系内各个制度的有机结合，形成协同力，有利于改善中国当前面临的严峻生态问题的困局，扎实助力建设美丽中国。

坚持和完善生态文明制度体系需要严格实行生态环境保护制度，建立全面资源高效利用制度和健全生态保护和修复制度。生态系统的运行发展有其复杂的规律，为保障生态安全，促进人与自然和谐，应坚持以自然自我恢复为主、将人工修复和自然恢复两者相互结合作为指导方针，健全生态保护和修复制度。

（三）环境库兹涅茨理论

库兹涅茨假说最早由美国经济学家库兹涅茨提出，主要是为了说明经济增长与收入差距之间的演变关系。随着经济的发展和学科的融合，学者发现，经济污染情况和经济增长之间存在类似的曲线关系，两者相互制约、相互影响。环境的库兹涅茨曲线主要指通过人均收入和环境污染相关指标之间进行演变模拟，以说明经济发展水平对环境污染程度的影响。研究发现，环境质量和经济发展之间呈倒 U 形的关系。

美国学者（Krueger 和 Grossman）通过实证空气污染物二氧化硫等与人均收入呈倒 U 形的曲线关系，总结出经济增长主要是通过规模效应、技术效应和结构效应三个方面影响环境。其中，规模效应主要从投入和产出方面影响环境质量：第一，经济增长需要增加资金的投入从而在生态环境资源的利用；第二，经济发展的产出会对环境造成污染。在技术规模方面，主要涉及经济快速发展通常会与环保相关的技术紧密联系起来，经济发展良好，环保方面的投入会随着增加，进而相关技术进步。技术效应会产生两个方面的影响：一是技术进步提高生产效率，改善环境资源的利用率，进而降低单位产出的环境要素的投入；二是环保技术的提高使得资源的循环利用效率提高，进而降低了产出对

---

① 习近平．努力建设人与自然和谐共生的现代化［J］．先锋，2022（6）：5-8.

环境的影响。结构效应方面，随着经济增长，投入结构和产出结构都会变化，在初期，经济结构转变为资源密集型工业发展，对生态环境的破坏程度很大，环境资源投入加大。随着经济的发展，经济结构转向知识密集型，投入结构发生了变化，遮掩的利用率大大提高，单位产出增加，对环境的破坏程度降低，生态环境质量得到改善（韩贵锋等，2006）。

随着经济的增长，人们会增加对环境质量良好的偏好。产业结构的优化、技术水平提高、增加环保方面的投入、污染治理能力的提高等因素都会导致生态资源的供给增加，进而环境资源的需求会相对降低，自然而然，随着经济的发展环境质量会得到很大的改善。

（四）产权理论

产权理论的发展大致分成三个阶段：第一个阶段为古典政治经济学的产权理论，其中最为著名的观点是洛克、亚当·斯密等提出的私有财产是天赋人权，不可侵犯；第二个阶段为马克思的产权理论；第三个阶段为新制度经济学派的产权理论。其中主要代表人物有科斯、威廉姆斯等。在不同的历史阶段，产权理论的背景和内容在一定程度上存在着差异，但相互之间也有内在的联系。

古典政治经济学的产权代表人物有科斯、洛克和大卫·休谟。科斯是现代产权理论的开创者。实际上，产权理论的相关问题在18世纪就开始有学者进行研究了，具有代表性的人物是洛克。洛克研究的方向主要涉及自然状态下个人的财产权的问题，洛克研究说明，财产的产权是人类许多权利中最基础同时也是最根本性的权利，洛克的理论还着重说明劳动创造价值。他认为独立个体对于其本身都具有一种排他性的所有者的权利。洛克还认为，人类能够通过劳动或者其他形式的社会活动改变了自己所处的状态，就等同于加入了自己独有的某种思想或者物质，因此这种所有权也就具有排他的特性。但洛克的产权理论具有一定的时代局限性，主要是因为神学的影响过多，神学主要聚焦于个人财产权，这是洛克产权理论的局限性的根源。而大卫·休谟在研究产权问题的方面，首先基于人性的视角研究个人私有财产权利所产生的必然性和优越性。

大卫·休谟的理论以财产权为理论核心，主要涉及拥有私人财产的原则、在合法的前提下进行转移财产的原则和在财产交易过程中遵守契约的原则。同时，对于财产进行所有、交换以及维护的行为，是人与人之间形成良好人际关系的基础，大卫·休谟的产权理论为近代资本主义经济的快速发展基于法律视角提供了依据。大卫·休谟主要从人性的角度探讨私人产权，他认为人类只有在明晰了产权的前提下，才能够激发个人保护自己私有财产的欲望，人类是在利益的驱动下进行商业活动进而推动社会的进步，形成社会利益最大化。亚当·斯密的产权理论是在洛克和大卫·休谟理论的基础上继承并进一步发展的。亚当·斯密认为，劳动权是创造其他一切所有权的基础，人类物质财产的表现形式主要有土地所有权、财产所有权、使用权以及交易权。与此同时，亚当·斯密还认为，财产相关的权利可以进行适当分离，正是由于这种分离会伴随而来一些问题，主要涉及信息不对称、"搭便车"、委托代理等问题。

总之，古典经济学的产权理论在产权理论的历史发展过程中占据举足轻重的地位，古典政治经济学肯定产权必须是确定的。古典政治经济学认为，市场是能够改变价格进而供需，但过程中使成本几乎为零。科斯定理是古典政治经济学产权理论的进一步发展。科斯的产权理论肯定私有财产的地位，详细阐述了财产权的占有、分离、分配的过程，为后来产权理论的进一步发展提供了相关的理论基础，古典政治经济学中的产权理论也是马克思主义政治经济学产权理论的重要理论基础。

马克思以物质资料生产活动为基础，认为随着生产力发展，导致分工进一步细化，细致阐述马克思产权理论的经济形态和法律形式的本质内涵以及二者的关系，得出产权就是生产关系总和的科学结论。马克思产权理论详细阐述了产权变革的过程要依据生产力水平的提高。

基于马克思的角度，产权是属于历史的范畴。所有制决定产权归属，产权是随着社会生产力的变化而发展的。马克思指出，在资本主义经济中，资本主义所有制决定资本主义劳动雇佣制度。所有制决定财产权利，总而言之，产权关系变化发展是基于社会生产力的发展变化而变化的。

产权制度发展变化的根本原因在于生产力水平改变。马克思经济学中产权制度指在生产力水平提升和分工进一步细化的基础上，所有制和所有权相互影响所产生的权利。随着人类物质生产力水平发展，同时社会分工细化到一定程度必然会发展出"产权"与"产权制度"。生产力提高和社会分工细化能够直接催生产权的经济关系与产权的法律关系，两者之间矛盾运动推动产权制度发展变革。生产力的进一步发展具有其内在演化机制的自发过程。

产权制度多样化的根本原因是生产力的发展。生产工具的水平代表着生产力的发展水平。劳动生产工具发达程度、劳动者素质的高低、劳动资料与劳动者之间进行高效合理的结合程度，这些都决定着生产力发展的多样性。基于经济基础范畴的产权经济形式决定了属于上层建筑领域的产权法律形式。

马克思主义政治经济学产权理论：产权理论是对于古典政治经济学产权理论的批判性发展，是对资本主义经济发展过程中产生的产权问题进行深层次的诠释和说明。马克思政治经济学的产权理论主要剖析了社会不同阶级关系。马克思基于法律的视角提出财产的概念问题。马克思认为，所有制关系是法权关系从另一个角度的延续，与此同时，马克思批判了资本主义的既定合理性，深化了对于私有财产的解读。马克思基于对于劳动人民生活的深刻理解，认为无产阶级的崛起和发展是推翻资本主义私有制的前提。

新制度经济学的产权思想主要是对古典经济学的产权理论的继承和发扬，新制度经济学的产权理论与古典政治经济学产权理论不同之处在于，新制度经济学是基于在新时期市场经济发展下，新制度经济学产权理论基于市场买卖双方信息不对称且交易成本大于零的前提下，不同个体的产权分配问题。新制度经济学派将产权理论研究的重点从财产的归属权问题转变到财产拥有者的权利分配的问题上，主要研究产权问题背后所反映出的不同个体之间以及个体与社会的权利与义务归属的问题。新制度经济学产权理论的代表人物是科斯，科斯在继承了亚当·斯密"看不见的手"即市场的基础上发展自己的产权理论，科斯根据经济生活的研究发现，亚当·斯密的经济思想中忽视了交易成本的存在，即交易成本不为零。亚当·斯密的产权理论是科斯产权理论的基础。科斯的产权理基于交易成本的角度研究经济的外部性以及企业作为经济组织的合理性。科斯认为，企业内部的交易成本往往低于市场平均交易成本，由此发展出了一种全新的组织形式——企业。企业在市场竞争过程中的限制主要取决于企业内部的交易成本，即所产生的行政费用和市场运行的费用。

生态资源资本化实际上是一个不断演化的过程，这是一个经过对生态资源经济价值不断认识、开发、投资、运营的过程，这一过程使生态资源在生态市场上实现了生态产品或者服务价值的不断增值、保值。只有让生态资源转化为生态资本才能实现生态资源经济价值的保值和增值，并最终实现生态资源长期整体收益最大化。生态资源顺利转化为生态资产必须首先明晰生态资源产权归属权问题。产权清晰才能完成资源在市场交易中的最优配置。产权理论的核心思想是建立经济活动的相关制度，市场活动需要有完善的制度约束。生态资产转化为生态资本一样需要有明确的制度安排，只有这样才能实现生态资源的配置最优，并激发产权所有者的积极性。生态资本在运行过程中同样存在着交易成本，良好的生态资源可以产生正外部性，所以产权理论一样可以应用于生态资源的管理。

第四节　中国东部地区生态资源发展现状及问题分析

一、中国东部地区生态资源发展条件

（一）外部条件

在人类经济社会发展的历程中，保护生态环境和发展经济共同起着重要的

作用，生态环境为社会发展提供物质基础。发展经济为人类社会进步带来丰富的物质财富，奠定了生存和发展必需的物质基础。优良的生态环境对于保证经济社会可持续发展有重要作用，保持对生态资源存量的可持续利用，对整个社会的持续健康发展有着举足轻重的功效。中国东部区域长期以来经济发展比较迅速，但对于环境破坏造成阻碍经济增长方面的作用，一段时期内存在一定忽视，在一定程度上给生态环境带来较大的破坏作用。在新的历史时期，全球各国开始慢慢认识到良好的生态环境对人类社会的生存发展具有十分重要的作用，这种认识的改变给以东部地区为代表的中国经济快速发展带来历史机遇。

世界上有很多发达国家从 20 世纪 80 年代已经开始着手开展生态环境治理。这些国家为了保证本国良好的生态环境，大多将高耗能、高污染的各种制造产业迁移到国外，特别是发展中国家成为其产业迁移的主要目的地。联合国于 1997 年 12 月在日本京都召开的"防止地球温暖化京都会议"上明确指出，人类必须采取措施提高资源的有效利用率，大力减少污染物向自然界排放。经济全球化的推进，一方面带来了经济增长，使人类享受了由经济快速增长带来的福利；另一方面面临着不断加剧的生态环境恶化产生的伤害。近年来，由于生态环境破坏所带来的全球气候不断变暖、极端气候灾害频发、经济增长缺乏动力等越发严峻，促使大力发展生态经济，保持全球经济可持续发展已经成为世界共识。联合国也多次发布有关发展绿色经济的倡议，对各国发展生态产业给予鼓励。这种发展生态产业、生态经济的全球大背景给中国东部地区大力提倡和鼓励生态经济发展提供了良好的外部环境，意味着以生态资本为抓手，大力发展生态经济是大势所趋。

（二）内部条件

东部地区是中国经济较快发展的地区，经过改革开放 40 余年的经济高速发展，成为带动国民经济持续快速增长的核心区和增长极。随着环保意识的提高，东部地区各省份生态环境总体质量有了明显改善和提升，但仍然存在不理想的状况，因此进一步转变经济增长方式、继续加快产业升级，仍然任重道远。中国东部地区南北跨度太大，自然生态资源条件存在较大差异，不同省域之间具有各不相同的气候条件，部分地区自然生态系统在一定程度上比较脆弱，生态恢复能力较差；也有部分地区森林资源比较丰富，但因为发展经济导致生态破坏程度相对比较严重。因此，要使社会经济保持持续良好发展，迫切需要政府和社会各界充分重视提高环境保护力度。近年来，中国政府采取了一系列保护生态环境的相关政策，成效十分显著，为生态资本发展奠定了良好的物质基础。东部地区经济增长非常迅速，经济发展水平高，发展质量相对较好，为基础设施建设提供了充足的资金支持，大大改善了东部地区各省域的生态资本投资营商环境。特别是福建、海南和浙江等省份的森林覆盖率都已经达到60%以上。整体上，中国东部地区基本上已经形成经济社会可持续发展所必需的生态屏障，相关生态补偿政策等保护生态环境的政策措施逐渐完善成熟。"一带一路"倡议和共同富裕政策不仅为东部地区提供了与世界各国进行科技交流和贸易往来的机会，为生态资本的运营提供了良好的营商氛围。近年来，生态旅游、生态农业、生态休闲等新型休闲方式的流行，为东部地区相关省份提供了经济绿色发展的全新思路。

二、东部区域生态资源发展现状分析

生态资源的发展现状主要包括生态资源存量、生态环境质量和生态系统服务价值。其中，生态资源存量主要涉及水资源、森林资源以及农业资源等，生态资源存量为生态资本发展必需的物质基础。生态环境质量反映了当地生态自然环境对人类生存发展以及社会经济活动持续健康发展的适宜程度。生态环境质量反映了经济发展对生态环境的影响程度。生态系统服务价值指人类从生态系统中获得的各种收益的总称，生态系统服务产生的各种变化对社会的整体福利状况产生重要影响。生态系统的服务价值主要反映了生态资源环境对经济社会的影响程度。

（一）东部地区生态资源存量分析

生态资源存量在本章中主要指基于现有的科学技术可以利用的资源的储

量。由于东部地区各个省份的自然环境和人文条件千差万别，所以不同地区所蕴含的资源在种类和数量上有所不同，因此本章主要从水资源、森林资源和农业资源三个方面出发，分析东部地区生态资本发展现状。具体包括水资源总量、人均水资源量、供水总量、造林总面积和农作物总播种面积，如表7-1所示。

表7-1 东部地区生态资源现状

年份	2011	2012	2013	2014	2015	2016	2017	2018	2019	2020
水资源总量（亿立方米）	4830	6883	6130	5332	6032	7997	5141	5170	5883	5263
人均水资源量（立方米/人）	12624	15643	14818	12646	11958	18180	11769	11689	11806	9941
供水总量（亿立方米）	2215	2181	2200	2193	2159	2130	2135	2115	2130	2068
造林总面积（千公顷）	1228	1123	1188	1125	1629	1539	1420	1539	1496	1452
农作物总播种面积（万公顷）	4277	4273	4286	4281	4296	4261	4053	4036	4011	4029

注：数据来源于国家统计局数据库。水资源总量、人均水资源量、供水总量、造林总面积、农作物总播种面积。

首先，支撑人类生存和发展最基础性的资源是水资源，不仅如此，水资源也是经济社会有序健康发展的必要条件之一。水资源是生态环境的重要组成部分。在自然生态系统中，生态资源的循环利用对于提高生态系统的自我调节能力有重要的帮助。在新时代，区域经济的健康快速发展，不仅表现为经济总量的提高，还应该表现为与经济发展相关资源的存量上的提升。水资源作为重要的存量资源与人民生活的改善和区域经济的健康发展息息相关。

中国东部地区水资源整体上南多北少，改革开放以来，东部沿海省份经济体量不断提高，但水资源污染严重和缺水等问题也日益凸显。在新时期大力建设生态文明背景下，大力加强水资源保护和管理工作是做好保护生态系统完整性的关键及重要任务之一。根据表7-1数据可知，东部地区水资源总量呈波动上升。其中，水资源总量最高点出现在2016年。这是近年沿海省份加大对本地区水资源保护取得的成果。水资源总量和人均水资源量的发展趋势基本一致，整体水平保持平稳。但人均水资源量略微下降，这和人口向东部地区聚集有关，如图7-1所示。

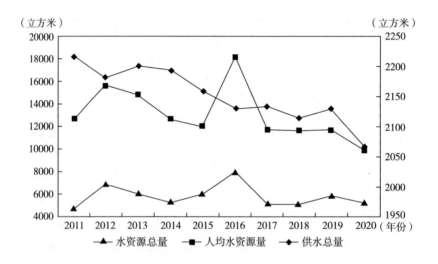

图7-1 水资源存量现状

其次，森林资源是承担涵养水资源、防止水土流失功能的重要天然组织，在某种程度上还能起到提高空气质量、吸收有害气体的作用。合理利用森林资源是确保经济绿色健康发展的重要抓手。由于在本章的研究过程中，全国各地区森林面积奉行五年一次的统计机制，因此统计区间内获取的内数不具有代表性参考价值，因此为了研究的需要，本章选取造林总面积表达森林生态资源存量。如图7-2所示，分析可知，东部地区造林总面积变动趋势表现为先上升后下降的走势，但中国东部地区造林总面积从总体上看仍然呈现出上升趋势。其中，2014年是一个明显的转折点，原因是国家发展和改革委、环保部等12部委联合印发了《全国生态保护与建设规划（2013—2020 年）》，取得了显著的效果，促进了东部地区造林总面积快速增加。造林总面积的增加对缓解东部地区生态问题意义重大，森林生态资源存量的增加有利于改善当地空气质量、涵养优质水源、保土固肥等，东部地区省份在植树造林等建设工程带领下，积极主动开展植树造林活动，使东部地区造林总面积持续扩大，同时表明东部地区森林生态资源存量日益丰富。

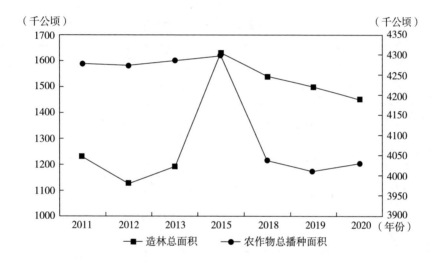

图 7-2　森林资源存量现状

　　最后，土地资源是保障农业经济发展的前提和基础，所以中国政府特别重视农业经济的发展。本章以农作物总播种面积指标用来表达农业生态资源发展现状进行研究。在《全国国土空间规划纲要（2016—2030 年）》中严格划定耕地和永久农田保护红线。由于东部地区主要以发展工业为主，因此农作物的总播种面积呈现出明显下降趋势（见图 7-2）。这表明东部地区需要加强培养绿色产业，大力发展新型绿色农业产业。

　　（二）东部区域生态环境质量分析

　　生态环境质量反映了当地生态自然环境对人类生存、发展以及社会经济活动持续健康发展的适宜程度。绿色既是自然的底色，也是发展的主色。城市绿地能够净化城市空气，还可以美化人居环境，对城市居民身心健康具有积极作用。城市绿地有改善城市夏季通风条件、保持水土等作用，有助于提升当地城市生态环境的品质。为了研究的方便和数据获取的便利，本章选取城市建成区绿化覆盖率、生活垃圾清运量、生活垃圾无公害化处理率、废水排放总量和二氧化硫排放量五个指标来分析东部地区生态环境质量，如表 7-2 所示。

表 7-2　东部地区生态环境质量现状

年份	2011	2012	2013	2014	2015	2016	2017	2018	2019	2020
建成区绿化覆盖率（%）	38	38	38	39	39	39	40	40	41	42
生活垃圾清运量（万吨）	8614	9125	9221	9586	10468	11128	11965	12709	13547	12977
生活垃圾无公害化处理率（%）	82.7	86.8	89.3	91.8	94.1	96.6	97.7	99.0	99.2	99.7
废水排放总量（亿吨）	354	363	363	377	385	378	361	361	358	360
二氧化硫排放量（万吨）	791	751	716	684	646	399	285	285	212	94

注：数据来源于国家统计局数据库。

分析数据可得，东部地区的建成区绿化覆盖率表现为较好的上升趋势，表明近几年东部地区城市环境明显改善。一个城市的生活垃圾处理能力是衡量城市卫生状况的重要指标，生活垃圾的处理问题不仅会对土地造成危害，对空气、水源、土壤造成污染，还会对环境造成严重危害，最终危害生态系统和人类的生存发展。故将生活垃圾的清运量作为分析生态系统环境质量的指标。如图 7-3 所示，东部地区生活垃圾的清运量持续加大，体现了东部地区生态环境质量不断提高；同时表现了东部地区省份在城市化进程中对生态环境的重视，也体现了东部地区在生态环境治理上取得了显著的成果。垃圾得到妥善的处理不仅维护了东部地区生态资源和环境的质量，也为生态资本的增值奠定了一定的物质基础。

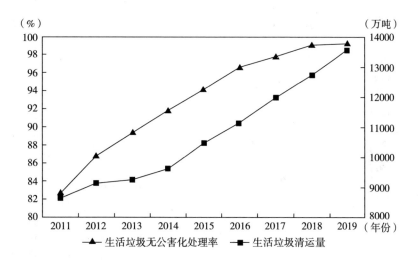

图7-3 生活垃圾处理情况

生活垃圾处理能力提升反映居民生活对环境的影响和居民生活的环境条件。生活垃圾无公害化处理能够有效地减少人类生产生活对生态环境的损害。如图7-3所示，东部地区生活垃圾无公害处理率呈现升高的趋势。生活垃圾无公害化处理提升表明，中国在经济发展和环境保护方面的协调健康发展。与此同时，还体现了生活垃圾对生态环境质量的负面影响逐渐降低，人们的生活环境质量逐渐改观。

在社会生活和发展过程中必然会产生废水。废气废水的乱排乱放通常会破坏生态环境。工业发展和生活都会产生废水废气，废水废气的乱排乱放会对环境造成严重的损害，进而对生态环境总量产生较大的影响，故将废水排放总量和二氧化硫排放量作为指标来评估东部地区的生态环境质量。如图7-4所示，东部地区废水排放总量表现为先上升再下降的趋势。2015年后废水排放总量显著减少，说明近年来东部地区对环境保护力度逐渐加大并取得了显著成效。

另外，中国东部地区作为经济发展相对发达地域，各级地方政府财力相对雄厚，普通群众的守法意识、对环境保护的认知较深，对清洁环境有较高需求。同时，由于东部地区城市化率较高，人口密集，集聚功能强，也为进行规模化污水处理设施建设和运营提供了极大的便利。

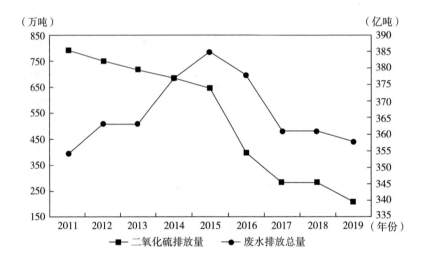

图 7-4　废水废气排放量

二氧化硫是有害气体，对人体有较大危害，与此同时，二氧化硫气体还会污染环境，造成酸雨等危害降低空气质量。当前，二氧化硫气体的排放数量是评估生态环境质量的重要指标之一，也是构成环境状况报告的重要内容。如图7-4 所示，近 10 年（2011~2019）来，东部地区二氧化碳排放量明显下降，这是由于 2015 年中国贯彻实施了《大气污染防治行动计划》，严格控制废气污染，加大大气污染防治资金投入，取得显著成效。2015 年下降尤为明显。这说明东部地区环境治理取得显著的成果，空气质量明显改善，大气治理取得明显成果。有效地改善了中国人民生活环境的空气质量，在一定程度上也为东部地区生态资本提供了雄厚的物质基础。

（三）东部区域生态系统服务价值分析

从一般意义上看，人们把来自于生态系统的各种收益的聚合称为生态系统服务价值，生态系统服务产生的各种变化对社会的整体福利状况会产生重要影响。生态系统的服务功能有不同的表现形式，一般分为供给服务功能、调节服务功能、文化服务功能和支持服务功能四种类别。通常把来自于生态系统满足生物生存和发展所必需的物质产品的能力称为生态系统供给服务功能。调节功能主要指生态系统的自我调节能力，如生态系统能调节气候和改善空气质量等。由于自然保护区通常具有物质资源的提供能力，也有调节气候状态、保护生物多样性存在的功能，因此，本章把自然保护区面积选取作为测度生态服务功能的测度指标。

中国东部地区 10 个样本省市的生态系统服务功能状况，如表 7-3 所示。可以看到，在东部 10 个样本省市中，海南的自然保护区面积 10 年（2011～2020）间最高达到 273 万公顷，为 10 省市中最大，具备发展生态资本的潜在物质基础。2013 年开始，广东自然保护区面积从 2012 年的 355 万公顷下降到 185 万公顷，出现急剧下滑，这种状况极有可能是片面强调发展经济而忽视或直接毁坏了部分自然保护区，也可能是由于出现了不同形式的保护区建设，在一定程度上导致保护区面积减少，如国家公园等多种保护的方式。整体而言，东部地区自然保护区面积呈现基本稳定趋势。

表 7-3　东部地区生态系统服务功能发展现状　　　单位：万公顷

年份 地区	2011	2012	2013	2014	2015	2016	2017	2018	2019	2020
北京	13	13	13	13	13	14	14	14	14	14
天津	9	9	9	9	9	9	9	9	9	9
河北	59	69	71	71	70	71	71	71	72	72
上海	9	9	9	14	14	14	14	14	14	14
江苏	57	57	53	53	53	54	54	54	54	54

续表

年份\地区	2011	2012	2013	2014	2015	2016	2017	2018	2019	2020
浙江	20	20	20	20	20	21	21	21	21	21
福建	45	46	43	43	45	45	45	45	45	46
山东	110	108	110	112	112	112	114	114	114	114
广东	355	355	185	185	184	185	185	185	185	185
海南	273	273	273	271	271	271	271	271	271	271

资料来源：国家统计局数据库。

三、东部地区生态资源发展存在的主要问题

首先，相比中国其他地区，东部地区大部分区域经济发展较快，无论是在经济状况，还是在交通建设和内外贸易等方面，均处于优势；各省市政府的财力相对较强，人民对环境保护以及清洁环境的需求大，较高的城市化率有利于环境保护基础设施建设的完善。但是，不利于生态经济发展的制约因素仍然存在，最主要的是，部分地方的生态恢复工作还需持续加强，发展生态资本的对应经济规模优势尚有欠缺，没有形成规模化的生态产业支撑，生态产品生产的产业链还不够健全，生态产品市场的构建仍然处于初级阶段，还有待提升和完善，以上不足的存在，在一定程度上阻碍了生态资本的健康发展。

其次，东部地区10省市中的部分省份仍然没有充分关注到生态资本增值所能带来的功效。在强调生态文明建设的背景下，东部地区整体生态环境状况虽然得到很大程度的改善，但对于生态资本的运营仍有欠缺。也就是说，很多地方未能把自己优质的生态资源通过各种路径转化为相应的可持续增长的经济价值，非常典型的表现是对生态环境采取某种过度保护措施，最终导致生态环境的保护不能做到有序循环。也有部分省市对于生态资本能促进经济发展的作用缺乏深刻认识与把握，人为割裂生态保护与经济发展的相互制约和相互促进

关系，对于生态资本的作用机制了解不深、把握不透，致使"绿水青山"的经济价值未能充分发挥出来。

最后，东部地区各省市生态资本效率表现情况不清晰，发展趋势不明朗，缺乏有效的政策支持。目前，对东部地区生态效率研究比较少，导致东部地区在生态资本发展过程中缺乏理论支持和数据支撑。东部地区各省市整体经济发展比较快，但对生态资本运营模式缺乏深入研究，管理阶层对其认识也不够充分，进而未能让生态资本充分发挥增值作用。因此，提高当地的生态资本效率将会进一步提高当地的经济发展水平。

第五节　东部地区省域生态资本效率测度及空间差异

一、生态资本效率测度

（一）生态资本效率评价指标体系构建

根据不同学者对生态资本研究成果的整理归纳发现，中国学者大部分采用四分法定义生态资本：第一，生态资本指生态资源数量以及环境自我净化的能力；第二，生态资本指生态资源建设的潜力；第三，生态资本通常描述为生态环境质量；第四，生态资本指对生态环境的整体利用的价值。

综合前文文献研究所述，生态资本实际上是一种具有产权属性及其价值增值功能的自然生态资源。关于生态资本的构成要素可以概括为四个部分：一是使用价值要素；二是产权要素；三是生态技术要素；四是生态市场要素。在上述四大构成要素中，刘章生等（2019）认为，生态资源的使用价值要素构成生态资本的形成要素；生态资源的产权要素构成生态资本的确立要素；生态资源利用的技术要素构成生态资本形态的转化要素；生态资源的市场要素构成生态资本价值的实现要素。基于生态资本形成理论，我们可以把生态资本分为两个部分：一部分是广义生态资本，这部分生态资本主要指能为人类带来物质价值的所有自然资源；另一部分是狭义生态资本，这部分生态资本本质上由生态资源存量情况、生态服务价值状况和生态环境质量情况三部分组成。

本章通过梳理现有对生态资本效率测度体系进行相应指标的梳理（见表7-4），在区域层面进行生态资本效率指标选取较有代表性的是德国环境经济核算账户中选取的土地、能源、水、原材料、温室气体、酸性气体、劳动力和资本。

表7-4 地区生态资本效率测量指标体系文献梳理

作者	评价对象	投入指标	产出指标
邱寿丰、诸大（2007）	1990～2005 年中国地区	土地、能源、水、原材料、废气排放、废水排放、固体废弃物和劳动力	GDP
严立东、屈志光等（2012）	2003～2010 年中国 30 个省	能源消耗总量、供水总量、建设用地面积	地区生产总值、环境信访来信数量
付丽娜、陈晓红等（2013）	2005～2010 年长株潭"3+5"城市群	能源消耗、电耗、水资源消耗、土地资源消耗、人力消耗、废水排放、废气排放、固废排放	地区 GDP
石健、黄颖利（2020）	2007～2016 年中国省域	水资源总量、造林总面积、有效灌溉面积、建成区绿地覆盖率、生活垃圾无害化处理率、城市污水处理能力、自然保护区面积、生物栖息地价值、供水总量	地区 GDP 废水排放量

本章以狭义的生态资本为基础，基于投入、产出两个方面，选择经济、资源和环境三个类别指标研究生态资本效率，将生态资本投入和产出过程分为两个阶段。初始投入指标，分别为自然资源投入和劳动资源总投入；中间产出指标为环境产出；中间投入指标为经济投入；最终产出为经济产出和环境产出。其中，初始投入指标有资源类投入，包括自然资源和劳动资源。自然资源投入

包括水、土地和能源三大指标，水资源的消耗用供水总量来衡量，消耗的土地资源用农作物总播种面积表示，用能源消费总量来衡量能源消耗；投入的劳动资源用年末就业人口总数表示；中间产出指标为环境产出，用废水排放总量和二氧化碳排放总量表示；中间投入指标为经济投入，用污染治理投资总额表示；最终产出指标分别用地区生产总值来表示经济产出，用固体废物综合利用率来表示环境产出。构建的生态资本效率测算指标体系如表7-5所示。

表7-5 生态资本效率测算指标体系

	指标类别	指标符号	指标名称
初始投入指标	自然资源投入	X_1^1	供水总量（亿立方米）
		X_2^1	农作物总播种面积（千公顷）
		X_3^1	能源消费总量（万吨标准煤）
	劳动资源投入	X_4^1	年末就业人口总数（万人）
	环境投入	Y_1	废水排放总量（万吨）
		Y_2	二氧化碳排放总量（万吨）
中间投入指标	经济投入	X_5^2	污染治理投资总额（亿元）
最终产出指标	经济产出	Z_1	地区生产总值（亿元）
	环境产出	Z_2	固体废物综合利用率（%）

（二）研究方法

DEA（数据包络法）是一种根据多项投入指标和产出指标的信息，基于线性规划的方法，对具有可比较的同类型指标进行的有效评价的数学计量方法。DEA具有能够分析多个输入和输出的问题的优势。

将生态资本投入和产出过程分为两个阶段（见图7-5）。第一阶段为初始投入指标为固定资产投资、供水总量、能源消耗总量、农作物总播种面积；中间产出指标为二氧化碳排放量、废水排放总量；中间投入指标为污染治理投资。第二阶段包括中间产出和中间投入作为第二阶段的投入，最终产出指标为地区生产总值和固体废物综合利用率。

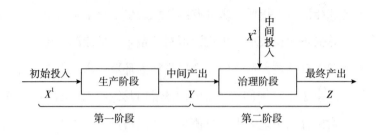

图7-5　生态资本投入产出过程

本书选取了 10 个决策单元，每个决策单元有 5 个投入指标，其中包含初始投入的 4 项投入和 1 项中间投入，4 项产出包含 2 项中间产出和 2 项最终产出。东部地区生态资本效率测度模型为：

$$
\begin{cases}
\max \displaystyle\sum_{p=1}^{2} \omega_p Z_{P0} = \theta \\[2mm]
\text{s. t. } \displaystyle\sum_{i=1}^{6} \gamma_i X_{i0} = 1 \\[2mm]
\displaystyle\sum_{p=1}^{2} \omega_p Z_{pj} - \sum_{i=1}^{6} \gamma_i X_{ij} \leqslant 0 \\[2mm]
\displaystyle\sum_{r=1}^{2} \mu_r Y_{rj} - \sum_{i=1}^{5} \gamma_i X_{ij}^1 \leqslant 0 \\[2mm]
\displaystyle\sum_{p=1}^{2} \omega_p Z_{pj} - \left(\sum_{r=1}^{2} \mu_r Y_{rj} + \gamma_6 X_{6j}^2 \right) \leqslant 0 \\[2mm]
\gamma_i \geqslant 0, \ \mu_r \geqslant 0, \ \omega_p \geqslant 0
\end{cases}
\qquad (7\text{-}1)
$$

式中，X^1 表示第一阶段的输入矩阵，即生产阶段的初始投入；X_{ij}^1 表示第 j 决策单元的生产阶段的初始投入；Y 表示生产阶段的中间产出同时也是治理阶段的投入；Y_{rj} 表示第 j 决策单元生产阶段的第 r 项输出；Z 表示第二阶段的输入矩阵，即治理阶段的投入，其中，Z_{pj} 表示第 j 决策单元治理阶段第 p 项产出。

根据两阶段网络的 DEA 模型，使用 MATLAB2016 对东部地区 10 个省市进行生态资本效率测算。

整个系统是两个子系统共同作用的结果,即子系统 1 和子系统 2 共同的解线性规划(7-1)能够得最优系数 γ_i^*,μ_i^*,ω_i^*,生态资本的整体效率为 θ,其中,生产阶段效率为 $\theta^1 = \sum\limits_{r=1}^{2} \mu_i^* Y_{rj} / \sum\limits_{i=1}^{5} \gamma_i X_{ij}^1$,治理阶段效率 $\theta^2 = \sum\limits_{p=1}^{2} \omega_p^* Z_{pj} / \sum\limits_{r=1}^{2} \mu_i^* Y_{rj} + \gamma_6^* X_{6j}^2$。

本书生态资本效率测算的研究数据采集于国家统计局数据库 2011~2021 年相关数据及历年统计年鉴、中国能源统计年鉴和环境统计年鉴,2011~2021 年各省统计年鉴及统计公报和环境状况统计报告。

(三)东部地区省域生态资本效率空间差异

东部地区主要包括北京、天津、河北、上海、江苏、浙江、福建、山东、广东和海南。东部地区大部分属于地理区位比较优越、交通发达、经济开放程度高的省份,可以高效利用生态资源。根据相关测度结果(见表 7-6),北京、天津、上海和广东的生态资本效率值都是 1 或接近 1,与其他省市相比明显较高,这些省份是东部地区经济发展较为快速的省份。其中,北京、天津和上海生态资本效率连续 10 年都是 1,持续保持东部地区最高位置,原因是三大城市地域空间相对较小,水资源短缺比较严重,这些因素直接促进了产业结构必须转型。近年来,为了从根本上扭转经济发展方式,北京、天津和上海严格按照生态文明建设目标,通过制度创新,摒弃了单纯 GDP 考核方式,构建了全新的绿色政绩考核指标体系,三地十分注重经济发展与人民群众满意度的相互协调,大力推进绿色经济理念,在促进经济发展过程中,注重资源的循环利用。与此同时,为了进一步提高群众对生活环境的满意度,把生态环境质量监控测量和有效治理置于各项工作的重要地位。通过这一系列的工作努力,三地虽然区域面积不大,但生态资本效率在研究选取的 10 个样本省市中却排在了前列,充分体现出北京、天津、上海三地生态经济发展态势良好,显示了强劲的发展活力。

表7-6 东部地区生态资本效率空间差异

年份 地区	2011	2012	2013	2014	2015	2016	2017	2018	2019	2020
北京	1.00	1.00	1.00	1.00	1.00	1.00	1.00	1.00	1.00	1.00
天津	1.00	1.00	1.00	1.00	1.00	1.00	1.00	1.00	1.00	1.00
河北	0.61	0.64	0.61	0.58	0.52	0.46	0.50	0.56	0.49	0.55
上海	1.00	1.00	1.00	1.00	1.00	1.00	1.00	1.00	1.00	1.00
江苏	0.53	0.74	0.76	0.75	0.88	0.76	0.82	0.85	0.86	0.90
浙江	0.81	1.00	0.86	1.00	0.82	1.00	1.00	1.00	1.00	1.00
福建	0.73	0.82	0.78	0.86	0.77	0.79	0.81	0.91	0.79	0.78
山东	0.64	0.76	0.76	0.75	0.77	0.70	0.68	0.71	0.78	0.73
广东	1.00	1.00	0.90	1.00	1.00	1.00	1.00	1.00	1.00	1.00
海南	0.88	0.95	0.93	1.00	0.98	0.94	1.00	1.00	1.00	1.00
均值	0.82	0.89	0.86	0.88	0.87	0.87	0.88	0.90	0.89	0.90

东部地区除北京、上海、天津外其他7个省份的生态资本效率的时序如图7-6所示。可以观察到,和其他省份相比,广东、海南的生态资本效率比较高,而河北的生态资本效率水平较低,河北与海南和广东有较大的差距。东部地区生态资本效率平均水平在0.8~0.9波动。

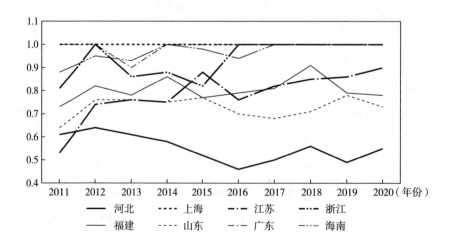

图7-6 东部地区8省市生态资本效率

河北的生态资本效率在东部地区属于较低水平，根据生态价值理论，生态环境是人类社会创造物质财富和精神财富的环境基础，将东部地区的生态资本存量不断转化为经济发展效益增量，这是东部各省在经济发展过程中必须充分重视的转变经济发展方式路径创新的重中之重。河北在早期发展经济路径选择中，过度偏向于粗放型的经济增长方式，代价是牺牲环境换取经济增长。由于生态环境的恶劣具有明显的外部性特征，因此造成了经济发展和环境恶化的双重压力，致使生态资本效率降低，随之生态环境产生的效益递减。近年来，河北逐渐认识到保持优良的生态环境对经济发展的重要性，开始重视并认真贯彻"绿水青山就是金山银山"的经济发展方略，积极大力发展生态型农业、生态型工业和生态型旅游业等绿色生态新产业，众多国家森林公园、森林特色小镇逐渐兴起，不仅推动了地区的经济与环境协调共同发展，还提升了当地群众的幸福感。

（四）不同阶段生态资本效率测度

整体来看，东部地区生态资本效率呈现上升的趋势，东部地区生态资本效率在0.8~0.9波动（见图7-7），其中，生产阶段的效率水平最低，但随着时间的推移，生产阶段的效率呈不断上升趋势。但生产阶段效率要远低于整体效率和治理阶段效率，说明生产阶段的效率还有较大的进步空间。东部地区10个省市生产阶段的生态资本效率均值为0.79（见表7-7），而在治理阶段，东部地区10个省市的生态资本效率均值为0.87（见表7-8），表明东部地区生态资本效率在生产阶段效率较低，说明生产阶段生态资本效率还有较大的进步空间，整体生态资本效率不高的原因是生产阶段生态资本效率偏低。

表7-7　东部地区生产阶段效率值

年份 地区	2011	2012	2013	2014	2015	2016	2017	2018	2019	2020	均值
北京	0.86	0.88	0.85	0.84	0.86	0.85	0.87	0.87	0.86	0.89	0.86
天津	0.63	0.78	0.72	0.63	0.67	0.57	0.61	0.64	0.67	0.72	0.66

续表

年份 地区	2011	2012	2013	2014	2015	2016	2017	2018	2019	2020	均值
河北	0.56	0.69	0.69	0.66	0.63	0.67	0.62	0.66	0.58	0.61	0.64
上海	0.86	0.96	0.99	0.95	0.97	0.97	0.95	0.98	0.94	0.96	0.95
江苏	0.68	0.74	0.66	0.72	0.75	0.76	0.68	0.69	0.78	0.76	0.72
浙江	0.65	0.73	0.75	0.75	0.75	0.73	0.73	0.74	0.75	0.75	0.73
福建	0.88	0.83	0.98	0.86	0.85	0.75	0.76	0.76	0.85	0.88	0.84
山东	0.78	0.65	0.68	0.69	0.72	0.74	0.70	0.68	0.69	0.69	0.70
广东	0.83	0.84	0.88	0.93	0.98	0.89	0.91	0.93	0.95	0.89	0.90
海南	0.84	0.89	0.86	0.78	0.75	0.72	0.85	0.82	0.84	0.82	0.81
均值	0.76	0.80	0.81	0.78	0.79	0.77	0.77	0.78	0.79	0.80	

表 7-8 东部地区治理阶段效率值

年份 地区	2011	2012	2013	2014	2015	2016	2017	2018	2019	2020	均值
北京	0.79	0.87	0.75	0.78	0.76	0.79	0.77	0.83	0.79	0.81	0.79
天津	0.96	0.96	0.96	0.95	0.96	0.97	0.96	0.96	0.95	0.98	0.96
河北	0.76	0.74	0.78	0.76	0.68	0.68	0.68	0.65	0.78	0.73	0.72
上海	0.86	0.86	0.96	0.96	0.98	0.99	0.95	0.97	0.95	0.98	0.95
江苏	0.69	0.74	0.68	0.86	0.79	0.77	0.78	0.86	0.89	0.83	0.79
浙江	0.75	0.82	0.78	0.79	0.83	0.88	0.89	0.88	0.85	0.86	0.83
福建	0.86	0.85	0.88	0.88	0.87	0.78	0.83	0.78	0.88	0.85	0.85
山东	0.79	0.86	0.87	0.86	0.88	0.86	0.85	0.86	0.85	0.89	0.86
广东	0.95	0.96	0.96	0.96	0.95	0.94	0.98	0.97	0.99	0.96	0.96
海南	0.94	0.96	0.96	0.98	0.97	0.97	0.98	0.99	0.96	0.95	0.97
均值	0.84	0.86	0.86	0.89	0.87	0.86	0.87	0.88	0.89	0.88	

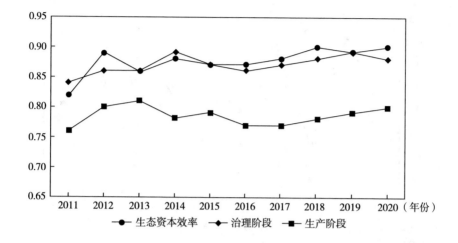

图7-7 东部地区生态资本效率时序

东部地区生态资本效率不高的主要原因是生产阶段效率较低，同时治理阶段生态资本效率也需要提高。只有通过提升生产阶段和治理阶段两个阶段的生态资本效率，才能提升整体的效率。

东部地区10个省市生产阶段和治理阶段的平均效率如图7-8所示。其中，生产阶段上海的生态资本效率水平较高，均值为0.95，而河北的生态资本效率水平较低，均值为0.64。较高与较低的差值为0.31，相差还是比较大的。在治理阶段，海南的生态资本效率水平较高，均值为0.97。而河北的生态资本效率较低，均值为0.72。较高与较低的差值为0.25。河北在生产阶段和治理阶段的生态资本效率均较低，说明河北在生态资本效率方面还有进一步提高的空间。

二、东部地区生态资本效率时序演变分析

本章选取Malmquist指数分析并计算东部地区不同省域在时间序列上生态资本全要素增长率呈现的时空演变规律。Malmquist指数最初运用在分析消费情况的变化，后来与DEA结合重新定义了效率指标。Malmquist指数的基本形式为：

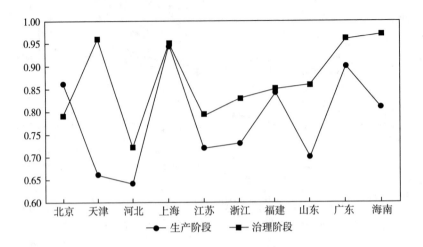

图 7-8　东部地区生态资本效率时序

$$TFP = EC \times TC = PE \times SE \times TC$$

$$= \left(\frac{D^{t}(x_{t+1},\ y_{t+1})}{D^{t}(x_{t},\ y_{t})} \times \frac{D^{t+1}(x_{t+1},\ y_{t+1})}{D^{t+1}(x_{t},\ y_{t})} \right)^{\frac{1}{2}}$$

$$= \frac{D^{t+1}(x_{t+1},\ y_{t+1})}{D^{t}(x_{t},\ y_{t})} \times \left(\frac{D^{t}(x_{t+1},\ y_{t+1})}{D^{t+1}(x_{t+1},\ y_{t+1})} \times \frac{D^{t}(x_{t},\ y_{t})}{D^{t+1}(x_{t},\ y_{t})} \right)^{\frac{1}{2}} \qquad (7-2)$$

Malmquist 指数计算结果即为全要素生产率（TFP），EC 为技术效率，当 EC 大于 1 时表明决策单元接近最优化，反之说明生产率低下。TC 为技术进步，其中，技术效率 TC 由纯技术效率（PE）和规模效率（SE）两部分构成，PE 反映了决策单元的技术完善度，SE 表示规模效率，TC 表示为投入量 t+1 期与 t 期的距离函数的差值。TC 为纯技术进步的变化，在生产过程中实际表现为新技术的出现。TC 大于 1 说明技术进步，小于 1 说明技术后退，当全要素生产率大于 1，表示东部地区整体的全要素生产率上升，而小于 1 表示全要素生产率下降，其中 x_(t+1) 代表 t 时期的投入，y_(t+1) 代表 t 时期的产出。

本书使用 Malmquist 指数对东部地区生态资本变动时序演变趋势进行具体

分析，从空间视角对东部地区 2011~2020 年生态资本效率差异进行考察。从 Malmquist 指数的结果（见表 7-9）看，全要素生产率表现出轻微波动下降趋势，其均值为 0.997，表明全要素生产率年平均增长率为−0.3%，主要是技术发展水平的限制，技术进步指数呈现的年均增长率也为负数，具体为−0.6%。其中，2013~2014 年、2014~2015 年、2015~2016 年和 2019~2020 年，全要素生产率都超过了 1，分别为 1.002、1.008、1.005 和 1.005，都出现了比较明显的上升趋势，这主要是技术进步带来的正向作用。在四个年度段中，有三个年度段技术进步指数超过了 1，2019~2020 年更是达到了 1.035，这对全要素生产率指数的上升起到了积极作用。分析 2011~2020 年可以发现，生态资本全要素生产率的上升通常与技术进步有很大关系；纯技术效率总体表现为波动趋势，这与中国利用生态资本的能力波动有很大关联。随着人们对生态资本发展的关注度不断提升，生态技术的普及率慢慢上升，但受制于生态技术进步的速率关系，全要素生产率的整体上升趋势并不十分明显。

表 7-9 东部地区生态资本时空演变趋势

项目 年份	技术效率	技术进步	纯技术效率	规模效率	全要素生产率
2011~2012	1.005	0.993	1.008	0.997	0.998
2012~2013	1.039	0.970	1.038	1.041	0.983
2013~2014	1.005	0.983	1.011	0.994	1.002
2014~2015	0.997	1.022	1.006	0.991	1.008
2015~2016	0.991	1.004	0.994	0.998	1.005
2016~2017	1.027	0.956	1.025	1.001	0.983
2017~2018	1.013	0.982	1.011	1.002	0.997
2018~2019	1.002	0.991	1.001	1.002	0.993
2019~2020	0.971	1.035	0.976	0.996	1.005
均值	1.006	0.994	1.007	1.002	0.997

总体来说，东部地区省份生态资本全要素生产率发展整体呈现上升的趋势，表明东部地区生态资本投入和产出的效率逐步提高。但总体全要素生产率的平均水平小于1，说明东部地区生态资本的综合效率仍处于无效的水平，东部地区生态环境保护还需要持续的努力。

第六节　东部地区生态资本效率影响因素的实证分析

一、设定模型、影响因素选取及数据收集

（一）模型设定

根据二阶DEA结果表明，效率值介于0~1，属于受限因变量，如果采取一般最小二乘法分析，结果会产生较大误差，而Tobit回归分析法主要用于被解释变量的数值为正且通常情况下连续发布，根据超效率的SBM模型的结果，正好适用Tobit回归模型，故选用面板Tobit回归模型对影响因素进行分析，模型具体如下：

$$y_i^* = x_i^* \beta + \varepsilon_i, \quad \varepsilon_i \sim N(0, \sigma^2) \tag{7-3}$$

$$y = \begin{cases} 0, & -\infty < y_i^* \leqslant 0 \\ y_i^*, & 0 < y_i^* \leqslant 10 \\ 1, & 1 < y_i^* \leqslant +\infty \end{cases} \tag{7-4}$$

当 y_i^* 值大于0时，采用普通的最小二乘法估计，具体如下：

$$E(\varepsilon_i \mid y_i^* > 0) = E(\varepsilon_i \mid \varepsilon_i > -x_i^* \beta) \tag{7-5}$$

$$= \sigma \frac{f_i\left(\dfrac{x_i \beta}{\sigma}\right)}{F_i\left(\dfrac{x_i \beta}{\sigma}\right)} = \sigma_\varepsilon m_i \tag{7-6}$$

$$E(\varepsilon_i \mid y_i^* > 0) = E(y_i\beta + \varepsilon_i \mid \varepsilon_i > -x_i^* \beta) \tag{7-7}$$

在此回归模型中，y_i^* 是潜在变量，y_i^* 指通过二阶 DEA 模型计算出来的第 i 个省份的生态资本效率数值，x_i 代表影响生态资本效率的因素，ε_i 要符合 $\varepsilon_i \sim N(0, \sigma^2)$ 假定，β 表示为正参数量。

（二）影响因素的选取

生态资本作为生态经济的一部分，有很多影响因素。目前，学者研究大多聚焦于环境规制、产业结构、技术水平等方面对生态资本效率的影响。生态环境主要从经济与社会两个方面影响经济。本章基于两个方面研究地区生态资本效率的影响因素：第一，梳理现有专家学者对生态资本效率影响因素的研究成果，基于现有文献资料分析梳理出适当的影响因素；第二，基于生态资本效率的本质及其内涵和评价指标体系的角度，从影响经济社会发展的资源损耗以及对环境的影响两方面探究影响因素，如表 7-10 所示。

表 7-10　生态资本效率影响因素梳理

作者	研究样本	影响因素	研究方法
陈傲 （2008）	2000~2006 年中国 29 个省域	产业结构 资金投入 政府政策	固定效应模型多元统计回归法
邓波、 张学军 （2011）	2008 年 中国 30 个省域	产业结构 环保政策 人力资源	三阶段 DEA 模型
初善冰、 黄安平 （2012）	1997~2010 年中国 30 个省域	结构变量 收入变量 外资利用 制度变量 环保意识	面板数据 Tobit 模型
付丽娜、 陈晓红等 （2013）	2005~2010 年 长株潭 "3+5" 城市群	产业结构 城市化率 外资利用 研发强度	Tobit 截断法

作者	研究样本	影响因素	研究方法
李海东、王善勇等（2013）	2006~2009 年中国 30 个省域	经济发展 产业结构 科技水平 政府政策 治污力度 区域开放水平	个体固定效应模型

邓波、张学军等（2011）选取中国 30 个省域为样本研究产业结构、环保政策以及人力资源等因素对区域生态资本效率的影响，研究发现，第三产业占比和人均受教育年限对省域生态资本效率水平提高具有促进作用，而环保财政方面的支出对省域生态资本效率没有明显的促进作用。

陈傲（2008）通过面板数据固定效应模型研究资金投入、政府政策以及产业结构等对生态资本效率水平的影响。结果表明，环保方面的资金投入和产业结构的调整对省域生态资本效率水平的提高具有积极的促进作用，而环境方面的政策如排污费对生态资本效率水平提高影响不显著。

初善冰、黄安平（2012）通过面板数据 Tobit 模型法，基于 1997~2010 年的中国 30 个省域数据选取外资利用、结构变量、收入变量、制度变量以及环保意识五个方面研究区域生态资本效率影响因素，结果显示，外商直接投资和结构变量对省域生态资本效率有明显的正向影响。随着区域人均收入的提高，该地区的生态资本效率会得到一定程度的改善，环境制度对区域生态资本效率的影响不显著。

付丽娜、陈晓红等（2013）通过研究长株潭"3+5"城市群 2005~2010 年数据选取产业结构、城市化率、外资利用和研发强度研究对区域生态资本效率的影响因素，结果表明，产业结构和研发强度对区域生态资本效率有明显的正向影响，而外资利用对区域生态资本效率的影响是负向的，分析得出，技术进步是促进生态资本效率的内生动力。

李海东、王善勇等（2013）选取 2006~2009 年中国 30 个省域的数据，通过分析经济发展、产业结构、政府政策、地区技术水平、治污力度和区域开放水平六个方面研究区域生态资本效率的影响因素，研究显示，产业结构、环境政策、治污力度以及地区科技水平对区域生态资本效率的提高有显著的影响，经济发展速度对区域生态资本效率的提高有消极的影响，而地区开发水平对该地区的生态资本效率水平的提高没有明显的影响。

本书从规模方面、结构方面、技术方面和环境规制方面研究影响因素。规模方面主要指经济规模。以地区生产总值衡量经济规模的强度。结构方面分为人口结构效应和产业结构效应，在研究产业结构因素时以第三产业与总产值的比重表征各地区的产业结构。以城镇人口与总人口的比值衡量人口结构。在技术方面选用财政支出中技术支出占地区总产值的比重衡量技术水平。环境规制方面选取工业污染治理完成投资额和生活垃圾无公害化处理量代表环境规制强度。确定影响因素及假设具体如表7-11所示。

表7-11 生态资本效率影响因素

		指标名称	简称
规模方面	经济规模	地区生产总值GDP（亿元）	X_1
结构方面	产业结构	第三产业与总产值的比重（%）	X_2
	人口结构	城镇人口与总人口的比值（%）	X_3
技术方面	技术水平	财政支出中技术支出占地区总产值的比重（亿元）	X_4
环境规制	污染治理	工业污染治理完成投资额（亿元）	X_5
	生活垃圾处理	生活垃圾无公害化处理量（吨/日）	X_6

Tobit回归模型是一种由因变量受到限制的模型，当因变量的数据有部分离散和有部分不连续的数据时，这时OLS（最小二乘法）不再适用于该回归模型，这种情况下最好选择最大似然法的Tobit回归模型估计回归系数。因为使用二阶DEA测度东部地区省域生态资本效率值基本在0~2，并且生态资本效率为正，同时为连续发布，所以采用Tobit回归模型。模型构建如下：

$$Y_i = \beta_0 + \beta_1 x_{1i} + \beta_2 x_{2i} + \beta_3 x_{3i} + \beta_4 x_{4i} + \beta_5 x_{5i} + \beta_6 x_{6i} + + \varepsilon_i \qquad (7-8)$$

在 Tobit 回归模型中，x_{1i} 代表 i 省份地区 GDP，x_{2i} 表示 i 省份第三产业与总产值的比重，x_{3i} 表示 i 省份城镇人口占比；x_{4i} 表示财政支出中技术支出占地区总产值的比重；x_{5i} 代表工业污染治理完成投资额；x_{6i} 表示生活垃圾无公害化处理量；ε_i 为随机误差项；Y_i 代表 i 省的生态资本效率。

对样本数据进行 Hausman 检验后估计结果如表 7-12 所示，面板数据模型的 Hausman 的检验值为 18.5386，通过了 1% 的显著性检验，P 值为 0.0000，小于 0.005，结果显示固定效应明显优于随机效应模型，所以，本书选择固定效应模型。

表 7-12　面板模型 Hausman 估计结果

	检验值	自由度	P 值
随机效应	18.5386	6	0.0000

（三）变量相关性检验

运用 SPSS 对东部地区省份生态资本效率所有影响因素进行 Person 相关检验变量之间的相关性检验，如表 7-13 所示。

表 7-13　变量相关性检验

	xl	X_1	X_2	X_3	X_4	X_5	X_6
xl	1	0.145	−0.190	−0.445	−0.667	0.134	0.332
$\ln X_1$	−0.145	1	0.376	0.336	−0.515	0.278	0.494
X_2	−0.190	0.376	1	0.090	−0.056	0.303	0.351
X_3	−0.445	0.336	0.090	1	0.317	0.216	0.064
$\ln X_4$	−0.667	−0.515	−0.056	0.317	1	−0.208	−0.684
X_5	0.134	0.278	0.303	0.216	−0.208	1	0.193
X_6	0.332	0.494	0.351	0.064	−0.684	0.193	1

根据变量的相关性结果可知，选取模型被解释变量生态资本效率 xl 与不同解释变量之间存在不同程度的相关关系，因此选取的被解释变量是有效的。由于解释变量和被解释变量间量纲差异比较大，因此在回归分析前对数据进行标准化处理。

二、东部地区省域生态资本效率影响因素分析

运用 Stata16.0 计量软件对东部地区所包含的省域进行面板 Tobit 模型回归分析，结果如表 7-14 所示。

表 7-14　东部地区生态资本效率影响因素分析结果

影响因素	回归系数	P 值	T 值
$\ln X_1$	−0.1763	0.000	0.001
X_2	−0.0034	0.000	−2.11
X_3	0.0052	0.0000	2.738
$\ln X_4$	0.2468	0.0000	0.98
X_5	0.1235	0.0645	0.030
X_6	0.2132	0.3632	0.004
常数值	0.7321	0.1381	0.882
wald 值	13.4		
P 值	0.0398		

根据计算结果可以得出模型 wald 值为 13.4，P 值为 0.0398，说明 Tobit 回归模型对样本数据拟合良好，根据系数回归结果并结合模型可以得出以下结论，环境规制方面、人口结构方面和技术水平方面对东部地区生态资本效率有促进作用，产业结构和经济规模对东部地区生态资本效率有抑制作用。具体而言，东部地区污染治理提高 1%，相应的生态资本效率提高 0.1235%，东部地区城镇人口比重提高 1%，相应的生态资本效率提高 0.0052%。相反，当东部地区第三产业比重优化升级 1%，该地区生态资本系效率反而降低 0.0034%。

就经济规模而言，GDP 每提高 1%，生态资本效率反而降低 0.1763%。

（一）经济规模变量

回归结果表明，地区生产总值与生态资本效率呈显著性正相关。说明地区生产总值能够推动生态资本效率的提高，随着经济的发展，地区经济规模扩大，其对生态资本效率具有显著的正向影响。这可能是由于区域发展是以牺牲当地经济为代价的，就短期而言，地区经济水平的提升与环境的改善不能同时实现，地区经济的增长在一定程度上会抑制生态资本效率的提升。

（二）产业结构变量

分析结果表明，产业结构变量中第三产业的比重，对东部地区生态资本效率的提升有阻碍作用，说明东部地区现阶段段存在盲目追求产业结构升级带来的红利，将发展中心转移到第三产业，而产业转移带来的优势弥补不了其对环境的负面影响，因此，东部地区不能盲目地把最优产业皆优化升级，相关政策策略应该考虑全面，在产业优化升级的过程中尽量兼顾经济与环境协调发展。这也可能是东部地区第三产业发展不平衡导致的结果。第三产业中，餐饮业、旅游业等产业产生的污染会对生态环境产生较大影响，给环境造成一定压力。一些地区通过旅游业带动当地经济发展，接纳游客超过了环境最大容纳量。对生态环境造成破坏，导致生态失衡。不合理的开发会给当地生态环境带来压力，造成第三产业发展不利于生态资本效率的提升、生产效率低下、地区发展不平衡等问题。与此同时说明，东部地区在生态资本效率提升的过程中需对第三产业结构进行优化升级，提高新型产业结构占比。

（三）人口结构变量

城镇人口占比对东部地区生态资本效率具有一定的抑制作用。这可能是地区城镇化在一定程度上造成农村耕地荒废以及劳动力流失，虽然城镇化程度高给城市的经济发展带来了人口红利，但导致区域城乡发展不平衡，从而导致地区生态资本效率下降。

（四）技术效应变量

东部地区经济发展比较快，为科学技术提升提供了财政基础，而财政支出中技术支出占地区总产值的比重对生态资本效率具有促进作用。财政支出中技术支出占地区总产值的比重在一定程度上反映了当地政府在科学技术方面进行的投入，当地政府对科学技术的投入越重视越能够推进地区生态资本市场化的进程，促进生态资本效率的提升。东部地区应该继续加大对科学技术的投入，提高地区从业人员的技术水平，尽量减少对环境的破坏和对资源的消耗，为经济环境可持续发展奠定夯实的技术基础。

（五）环境规制效应

本书分析结果表明，环境规制变量对东部地区省域生态资本效率提高具有促进作用。工业污染完成投资额对生态资本效率具有显著的正向影响，说明生态环境的改善有助于当地生态经济的发展。生活垃圾无公害处理与生态资本效率呈正相关关系，但生活垃圾无害化处理能力对东部地区生态资本效率影响不显著。东部地区经济比较发达，发展生态经济的相关经验丰富，加上具有地域和经济等优势条件的加持，使东部地区在吸引人才和引进新技术上具有优势，因此东部地区各省市在生活垃圾的处理中运用了多样化的科技手段，这些做法有利于对生活垃圾进行无害处理并做到资源的可持续利用。

整体而言，东部地区除第三产业对东部地区省份生态资本效率呈负向影响外，其他的 5 项分别为地区 GDP、城镇人口占总人口的比值、财政支出中技术支出占地区总产值的比重、工业污染治理完成投资额、生活垃圾无害化处理能力指标，对生态资本效率影响呈正相关关系。

第七节　对策建议

中国东部地区是国家对外开放的桥头堡和经济发展重要地区，在全面建设小康社会战略布局下开展生态文明建设具有深远的历史和现实意义。发展生态资本是生态文明建设的重要组成部分，在推动生态经济发展中有积极的促进作用。通过对东部地区省份生态资本效率的测算及对影响因素的分析，可以充分了解东部地区在发展生态资本过程中存在的相应问题。只有精准把握了东部地区生态资本效率，才能有针对性地提出提高生态资本效率的相关建议和对策，进而为推进经济绿色发展，推动生态文明建设进程作出微小贡献。

一、产业结构方面

东部地区现阶段存在过度盲目追求产业结构升级带来的红利，而将发展中心转移到第三产业，但产业转移带来的优势弥补不了其给环境带来的负面影响，因此，东部地区不能盲目最优产业皆有优化升级，相关政策策略应该考虑全面，在产业优化升级的过程中尽量兼顾经济与环境协调发展。

二、人口结构方面

东部地区城镇化程度比较高，尤其是北京、上海以及江浙地区，区域城镇化率比较高，在一定程度上造成农村耕地荒废以及劳动力流失，进而导致区域城乡发展不平衡，从而导致地区生态资本效率下降。东部地区应该加大"三农"方面的资金以及资源的投入，减少城乡差距，积极合理地调整就业结构，促进地区人口结构和产业结构的优化。

三、技术研发与引用方面

东部地区在科学技术方面的研究取得了一定程度上的成果，应在此基础上继续发挥自身的优势，继续加大对科学技术的支持，提高当地就业人员的技术水平，研发与应用环境友好型的技术，减少经济活动对环境的破坏，提高资源的利用率，坚持走经济与环境可持续发展道路。

四、环境规制方面

东部地区环境相关的政策对当地生态资本效率的提升具有积极的促进作

用。据此，东部地区应在现有的基础上加大力度加强对当地环境保护政策及措施的制定与实施，当地有关部门应严格管控当地企业的废水废气等污染物排放，尽可能地把当地污染指数降到最低；加大当地污染治理力度，进而提高治理环境污染的效率。东部地区不仅要保持自身现有优势，还要加大工业污染治理力度，为中国其他地区做出标杆，为其他地区制定相应的环境规制政策提供新思路。

参考文献

［1］任冰．乡村传统文化的保护和传承［J］．学理论，2019（8）：9-10.

［2］郭晓鸣．乡村传统文化传承保护的现状与对策［J］．四川党的建设，2019（21）：34-35.

［3］徐中民等．生态经济学理论方法和运用［M］．郑州：黄河水利出版社，2003.

［4］张文明，张孝德．生态资源资本化：一个框架性阐述［J］．改革，2019（1）：122-131.

［5］彭梦晨．"轻"旅游：茜溪乡村文化资源经济价值开发的一种模式研究［D］．浙江师范大学硕士学位论文，2018.

［6］石健．丝绸之路经济带省域生态资本效率时空演变与影响因素分析［D］．东北林业大学博士学位论文，2019.

［7］张文明．正确认识生态资源经济属性［J］．中国经贸导刊，2019（24）：61-64.

［8］刘章生，祝水武，刘桂海．国内生态资本文献计量研究［J］．生态学报，2021，41（4）：1680-1691.

［9］王雨欣．马克思产权理论下中国混合所有制经济改革问题研究

［D］．辽宁师范大学博士学位论文，2021.

［10］曾贤刚，秦颖．"两山理论"的发展模式及实践路径［J］．教学与研究，2018（10）：17-24.

［11］秦颖．生态产品的市场化供给机制与价值实现模式研究［M］．北京：中国经济出版社，2002.

［12］孙景淼等．乡村振兴战略［M］．杭州：浙江人民出版社，2018.

［13］渠涛，邵波．生态振兴：建设新时代的美丽乡村［M］．郑州：中原农民出版社，2019.

［14］周爱飞．生态产品价值实现机制探索与实践——以浙江丽水为例［M］．北京：中国林业出版社，2022.

［15］张文明．生态资源资本化研究［M］．北京：人民日报出版社，2020.

［16］李忠等．践行"两山"理论，建设美丽健康中国——生态产品价值实现问题研究［M］．北京：中国市场出版社，2021.

［17］姜文来，杨瑞珍．资源资产论［M］．北京：科学出版社，2013.

［18］刘学敏，金建君，李永涛．资源经济学［M］．北京：高等教育出版社，2008.

［19］赖启福等．"两山"转化实现路径：从生态价值激活到共建共治共享［J］．林业经济问题，2022（4）：345-351.

［20］卢廷艳，罗华伟．森林资产生态价值实现路径探讨［J］．南方农业，2021（9）：85-90.

［21］肖庆洲，张波．生态产业化的实现模式与路径探索［J］．江苏理工学院学报，2022（6）：63-71.

［22］董振华．生态环境资源的经济价值回归和市场价格补偿［J］．学术论坛，2013（6）：186-189.

［23］孙志．生态价值的实现路径与机制构建［J］．中国科学院院刊，2017（1）：78-84.

[24] 卢志朋，洪舒迪．生态价值向经济价值转化的内在逻辑及实现机制 [J]．社会治理，2021（2）：37-41.

[25] 熊德斌，张萌．生态资源经济价值的实现机制研究——基于贵州茶产业历史变迁考察 [J]．林业经济，2020（1）：51-58.

[26] 唐学思．生态资源资本化演化路径研究及实例分析 [J]．商业会计，2020（22）：22-25.

[27] 周密．推进"绿水青山就是金山银山"生态价值转换研究 [J]．商展经济，2022（6）：149-152.

[28] 王金南，苏洁琼，万军．"绿水青山就是金山银山"的理论内涵及其实现机制创新 [J]．环境保护，2017，45（11）：3-4.

[29] 杨奇才，杨继瑞．空间级差地租：基于马克思地租理论的研究 [J]．当代经济研究，2017（3）：60-66+97.

[30] 卢亚丽，徐帅帅，沈镭．河南省资源环境承载力的时空差异研究 [J]．干旱区资源与环境，2019，33（2）：16-21.

[31] 张壬午，柳英昆，李小波．生态农业产业化浅析 [J]．生态农业研究，2000，8（2）：93-96.

[32] 崔莉，厉新建，程哲．自然资源资本化实现机制研究：以南平市"生态银行"为例 [J]．管理世界，2019，35（9）：95-100.

[33] 付洪良，周建华．乡村振兴战略下乡村生态产业化发展特征与形成机制研究：以浙江湖州为例 [J]．生态经济，2020，36（3）：118-123.

[34] 邹统钎．绿水青山与金山银山转化的乡村旅游机制探讨 [J]．旅游学刊，2020，35（10）：4-7.

[35] 杨亚妮，白华英，苏智先．中国生态建设产业化的典范 [J]．生态经济，2002（12）：16-17.

[36] 张波，白丽媛．"两山理论"的实践路径：产业生态化和生态产业化协同发展研究 [J]．北京联合大学学报（人文社会科学版），2021，19

（1）：12-19.

［37］张红丽，温宁．西北地区生态农业产业化发展问题与模式选择
［J］．甘肃社会科学，2020（3）：192-199.

［38］黄茂兴，叶琪．马克思主义绿色发展观与当代中国的绿色发展——
兼评环境与发展不相容论［J］．经济研究，2017（6）：17-30.

［39］威廉·配第．赋税论献给英明人士货币略论［M］．北京：商务印
书馆，1963.

［40］萨伊．政治经济学概论［M］．北京：商务印书馆，1963.

［41］庇古．福利经济学［M］．北京：华夏出版社，2007.

［42］沈费伟，刘祖云．发达国家乡村治理的典型模式与经验借鉴［J］.
黑龙江粮食，2017（12）：48-51.

［43］于立，那鲲鹏．英国农村发展政策及乡村规划与管理［J］．中国土
地科学，2011（12）：75-80.

［44］周洪宇．发达国家的社区建设及其启示［J］．华中师范大学学报
（人文社会科学版），2003（1）：20-26.

［45］高强，赵海．日本农业经营体系构建及对我国的启示［J］．现代日
本经济，2015（3）：61-70.

［46］胡钰，付饶，金书秦．脱贫攻坚与乡村振兴有机衔接中的生态环境
关切［J］．改革，2019（10）：141-148.

［47］杨庭硕．乡村要振兴，生态建设必先行［J］．贵州民族研究，
2021，42（1）：68-73.

［48］李赫然．乡村振兴中的生态文明智慧［J］．人民论坛，2018（26）：
70-71.

［49］朱斌斌，冯彦明．乡村生态振兴的长效机制探析［J］．农村金融研
究，2019（1）：9-14.

［50］张媌姖，孙炳彦．打造生态环保扶贫示范村的几点思考［J］．环境

与可持续发展，2019，44（5）：59-61.

[51] 王季潇，吴宏洛. 习近平关于乡村生态文明重要论述的内生逻辑、理论意蕴与实践向度 [J]. 广西社会科学，2019（8）：7-12.

[52] 阳盼盼. 乡村生态振兴：理论逻辑、历史演进与实现路径 [J]. 重庆理工大学学报（社会科学版），2019，33（12）：70-79.

[53] 高红贵，赵路. 探索乡村生态振兴绿色发展路径 [J]. 中国井冈山干部学院学报，2019，12（1）：133-138.

[54] 落志筠. 乡村生态振兴及其法治保障 [J]. 贵州民族研究，2020，41（1）：39-44.

[55] 黄国勤. 论乡村生态振兴 [J]. 中国生态农业学报，2019，27（2）：190-197.

[56] 戚晓明. 乡村振兴背景下农村环境治理的主体变迁与机制创新 [J]. 江苏社会科学，2018（5）：31-38.

[57] 张志胜. 多元共治：乡村振兴战略视域下的农村生态环境治理创新模式 [J]. 重庆大学学报（社会科学版），2020，26（1）：201-210.

[58] 任焦阳. 乡村生态振兴存在的问题与路径研究 [J]. 乡村科技，2019（22）：21-22.

[59] 李志强，张灵灵，刘亚兰. 乡村振兴中的生态困境问题解析及破解路径 [J]. 山西农业大学学报（社会科学版），2018，17（9）：12-17.

[60] 于法稳. 新时代农村绿色发展的对策思考 [J]. 环境保护，2018，46（10）：19-24.

[61] 赵金科，李娜. 乡村生态振兴的价值逻辑与践行路径——基于生态安全视角的思考 [J]. 长白学刊，2020（5）：117-124.

[62] 李娟，杨朔. 乡村振兴与生态文明融合：逻辑、价值和路径 [J]. 治理现代化研究，2021，37（1）：90-96.

[63] 李宇遐，郭晶，刘永君. 乡村振兴中严明政府生态环境保护责任的

历史进程与实现路径［J］. 鲁东大学学报（哲学社会科学版），2021，38（1）：92-96.

［64］陈华，刘朋虎，王义祥，翁伯琦. 乡村绿色振兴与生态文明建设融合发展的对策研究［J］. 农业科技管理，2020，39（1）：1-4.

［65］杨美勤. "生命共同体" 引导下的乡村生态振兴理路研究［J］. 广西民族大学学报（哲学社会科学版），2019，41（6）：183-190.

［66］宋继碧，赵曌. 生命共同体理念下乡村生态振兴的法治保障研究［J］. 成都行政学院学报，2020（6）：24-29+72.

［67］蒋成飞，朱德全，王凯. 生态振兴：职业教育服务乡村振兴的生态和谐 "5G" 共生模式［J］. 民族教育研究，2020，31（3）：26-30.

［68］王农，熊伟，孙琦等. 推进乡村生态振兴与农业绿色发展的思考［J］. 天津农业科学，2019，25（4）：59-62.

［69］王超，吕剑平. 新发展理念下的乡村生态振兴与农业绿色发展探究——以 H 省为例［J］. 吉林农业科技学院学报，2020，29（4）：20-23+41.

［70］张灿强，付饶. 基于生态系统服务的乡村生态振兴目标设定与实现路径［J］. 农村经济，2020（12）：42-48.

［71］王云华. "双生" 循环系统下的生态农业与乡村振兴路径探析——基于生态与经济的视角［J］. 吉首大学学报（社会科学版），2019，40（2）：150-160.

［72］丁建国. 可持续农业的多重贡献及其货币化评估［J］. 新疆农业科学，2004（2）：127-129.

［73］刘治国，刘宣会，李国平. 意愿价值评估法在我国资源环境测度中的应用及其发展［J］. 环境保护，2008（1）：67-69.

［74］吕耀. 基于多维评价模型的农业多功能性价值评估［J］. 经济地理，2008（4）：650-655.

［75］高吉喜，李慧敏，田美荣．生态资产资本化概念及意义解析［J］．生态与农村环境学报，2016，32（1）：41-46.

［76］严立冬，陈光炬，刘加林，邓远建．生态资本构成要素解析——基于生态经济学文献的综述［J］．中南财经政法大学学报，2010（5）：3-9+142.

［77］袁广达，王琪．"生态资源—生态资产—生态资本"的演化动因与路径［J］．财会月刊，2021（17）：25-32.

［78］卢克非，刘耕源．生态资源资本化实践路径［M］．北京：中国环境出版集团，2021.

［79］毛建素，曾润，杜艳春，姜畔．中国工业行业的生态效率［J］．环境科学，2010，31（11）：2788-2794.

［80］戴铁军，陆钟武．钢铁企业生态效率分析［J］．东北大学学报，2005（12）：1168-1173.

［81］王飞儿，史铁锤．基于物质代谢的中国纺织业生态效率评价［J］．中国人口·资源与环境，2008，18（6）：116-120.

［82］刘思华．对可持续发展经济的理论思考［J］．经济研究，1997（3）：46-54.

［83］孙冬煜，王震声，何旭东，侯立松．自然资本与环境投资的涵义［J］．环境保护，1999（5）：38-40.

［84］王海滨，邱化蛟，程序，齐晔，朱万斌．实现生态服务价值的新视角（一）——生态服务的资本属性与生态资本概念［J］．生态经济，2008（6）：44-48.

［85］牛新国，杨贵生，刘志健，高扬．生态资本化与资本生态化［J］．经济论坛，2003（3）：12-13.

［86］张兵生．生态资本：绿色经济与生态文明时代的基石［J］．品牌（理论版），2009（Z4）：15-18.

［87］严立冬，谭波，刘加林．生态资本化：生态资源的价值实现［J］．中南财经政法大学学报，2009（2）：3-8+142.

［88］白杨，王敏，李晖，黄沈发．生态系统服务供给与需求的理论与管理方法［J］．生态学报，2017，37（17）：5-6.

［89］赵军，杨凯．生态系统服务价值评估研究进展［J］．生态学报，2007（1）：346-356.

［90］刘绿怡，刘慧敏，任嘉衍，卞子亓，丁圣彦．生态系统服务形成机制研究进展［J］．应用生态学报，2017，28（8）：2731-2738.

［91］郇庆治．21世纪以来的西方生态资本主义理论［J］．马克思主义与现实，2013（2）：108-128.

［92］周穗明．生态社会主义述评［J］．国外社会科学，1997（4）：9-14.

［93］穆治辊．增进生态资本：可持续发展的基本要求［J］．科技导报，2004（1）：55-57.

［94］张媛．生态资本与绿色发展探讨［J］．西南林业大学学报（社会科学版），2017，1（3）：5-8.

［95］周健宇．论绿色发展之路——结合案例分析得出的结论［J］．经济研究导刊，2010（36）：243-245.

［96］陈君．生态文明：可持续发展的重要基础［J］．中国人口·资源与环境，2001（S2）：2-3.

［97］高德明．可持续发展与生态文明［J］．求是，2003（18）：50-52.

［98］赵建军，杨博．"绿水青山就是金山银山"的哲学意蕴与时代价值［J］．自然辩证法研究，2015，31（12）：19-20.

［99］秦书生，王旭，付晗宁．我国推进绿色发展的困境与对策——基于生态文明建设融入经济建设的探究［J］．生态经济，2015，31（7）：168-171+180.

［100］王海滨，邱化蛟，程序，齐晔，朱万斌．实现生态服务价值的新视角（三）——生态资本运营的理论框架与应用［J］．生态经济，2008（8）：36-40.

［101］毛显强，钟瑜，张胜．生态补偿的理论探讨［J］．中国人口·资源与环境，2002（4）：40-43.

［102］黄鹂，严立冬．生态资本运营构成要素研究：功能论视角［J］．河南社会科学，2013，21（3）：73-75+108.

［103］刘加林，周发明，刘辛田，邓远建．生态资本运营机制探讨——基于生态补偿视角［J］．科技管理研究，2015，35（14）：210-213.

［104］李小玉，孟召博．基于外部性视角的生态资本运营［J］．南通大学学报（社会科学版），2014，30（4）：121-126.

［105］陈尚，任大川，李京梅等．海洋生态资本概念与属性界定［J］．生态学报，2010，30（23）：23-24.

［106］严立冬，邓远建，屈志光．绿色农业生态资本积累机制与政策研究［J］．中国农业科学，2011，44（5）：46-47.

［107］程勤阳，何龙娟，陈全，张智博，从玲玲．基于生态资本运营理念的农业园区规划［J］．生态经济，2012（3）：102-105.

［108］张媛．森林生态补偿的新视角：生态资本理论的应用［J］．生态经济，2015，31（1）：176-179.

［109］吴小庆，徐阳春，陆根法．农业生态效率评价——以盆栽水稻实验为例［J］．生态学报，2009，29（5）：17-19.

［110］张炳，黄和平，毕军．基于物质流分析和数据包络分析的区域生态效率评价——以江苏省为例［J］．生态学报，2009，29（5）：13-15.

［111］韩瑞玲，佟连军，宋亚楠．基于生态效率的辽宁省循环经济分析［J］．生态学报，2011，31（16）：21-23.

［112］尹科，王如松，周传斌，梁菁．国内外生态效率核算方法及其应

用研究述评［J］. 生态学报，2012，32（11）：7-9.

［113］郭晓. 贵州省乡村生态振兴的路径探析［J］. 广东蚕业，2019（4）：147-148.

［114］於方，杨威杉，马国霞，周颖. 生态价值核算的国内外最新进展与展望［J］. 环境保护，2020，48（14）：18-24.

［115］卢志朋，洪舒迪. 生态价值向经济价值转化的内在逻辑及实现机制［J］. 社会治理，2021（2）：37-41.

［116］卫滨，朱凌云，余泠. 生态价值转化机制与全球应用实践［J］. 中国资产评估，2022（6）：67-70.

［117］任志芬. 生态文明视域下乡村生态振兴的路径探析［J］. 绍兴文理学院学报，2018（11）：45-49.

［118］潘佳勋. 生态系统的资源价值研究［D］. 合肥工业大学博士学位论文，2018.

［119］温铁军，罗士轩，董筱丹，刘亚慧. 乡村振兴背景下生态资源价值实现形式的创新［J］. 中国软科学，2018（12）：1-7.

［120］卜凡凡，全永波. 山东省生态产业发展问题对策分析［J］. 农村经济与科技，2018（8）：176-177.

［121］王爱军. 推进乡村生态振兴与农业绿色发展的思考［J］. 山西青年，2019（9）：271.

［122］王永海. 生态产品的基本内涵和特性探析——基于林业视角［J］. 行政管理改革，2014（2）：65-69.

［123］刘于鹤. 气候变化与中国林业碳汇［M］. 北京：气象出版社，2011.

［124］贾治邦. 绿水青山也是政绩［J］. 求是，2006，11（22）：53.

［125］国务院关于印发《全国主体功能区规划》的通知（国发〔2010〕46号）［EB/OL］. http：//www. gov. cn/gongbao/content/2011/content_1884884.

htm，2010-12-21.

[126] 杨庆育．论生态产品 [J]．探索，2014，6（3）：54-60.

[127] 何爱平，李雪娇，邓金钱．习近平新时代绿色发展的理论创新研究 [J]．经济学家，2018（6）：5-12.

[128] 苏超越．继承与发展：马克思生态思想与新时代中国生态理论创新 [J]．赤子，2019（34）：2.

[129] 黄娟，刘思华．中国化马克思主义环境生产力论探析 [J]．毛泽东思想研究，2008（5）：124-128.

[130] 张森年．习近平生态文明思想的哲学基础与逻辑体系 [J]．南京大学学报（哲学·人文科学·社会科学版），2018，55（6）：5-11.

[131] 中共中央文献编辑室．习近平关于社会主义生态文明建设论述摘编 [M]．北京：中央文献出版社，2017.

[132] 袁祖社，王鑫．生态理性的价值关切与中国式现代化道路的实践探索 [J]．哲学动态，2022（7）：5-15+127.

[133] 黄守宏．生态文明建设是关乎中华民族永续发展的根本大计 [N]．人民日报，2021-12-14（9）.

[134] 叶发和，卢健，曾甜甜．龙泉市兰巨乡仙仁村建设浙江省"一村万树"示范村浅析 [J]．园艺与种苗，2019（11）：31-32.

[135] 何晓玲．浙江开启高水平推进国土绿化美化五年行动 [N]．中国绿色时报，2018-09-4（1）.

[136] 何晓玲，陈崇．浙江实施"一村万树"三年行动 [N]．中国绿色时报，2018-04-16（1）.

[137] 李风．浙江结合耕地保护打造"美丽新田园" [N]．中国国土资源报，2016-09-13（2）.

[138] 朱万佳．歙县生态循环农业发展探究 [J]．农业灾害研究，2014，4（5）：55-57.

[139] 周军．临安发展生态循环农业的思考［J］．绿色中国（A 版），2016（17）：50-55．

[140] 申芸萍，王进青．互助县关于发展有机循环农业的思考［J］．青海农林科技，2013（1）：44-47．

[141] 郜淑英，陈辉．发展循环农业，推进生态文明建设［J］．农业开发与装备，2014（4）：15．

[142] 吴庆猛．大力发展循环农业　开辟高效生态之路——青海循环农业发展模式［A］．中国农业资源与农业区划学会 2014 年学术年会，2014．

[143] 祝梅，胡杰婧．筑牢生态坝，护好"浙"片海［N］．浙江日报，2017-02-08（2）．

[144] 赵金晓．乡村振兴视角下农民公共道德素养培育研究［D］．山西师范大学硕士学位论文，2020．

[145] 任冰．乡村传统文化的保护和传承［J］．学理论，2019（8）：9-10．

[146] 张文明．完善生态产品价值实现机制——基于福建森林生态银行的调研［J］．宏观经济管理，2020（3）：73-79．

[147] 石敏俊，陈岭楠，林思佳．"两山银行"与生态产业化［J］．环境经济研究，2022，7（1）：120-126．

[148] 石健，黄颖利．中国省域生态资本效率时空演变特征及影响因素［J］．统计与决策，2020，36（16）：100-104．

[149] 自然资源部办公厅．自然资源部办公厅关于印发《生态产品价值实现典型案例》（第一批）的通知［J］．自然资源通讯，2020（8）：23-33．

[150] 张晓娅．生态型沙产业价值实现路径研究——以阿拉善左旗为例［D］．内蒙古大学博士学位论文，2022．

[151] 廖福霖．生态产品价值实现［J］．绿色中国（A 版），2017（7）：50-53．

［152］于一苏．关于加快生态补偿机制与政策研究的建议（摘要）［J］．中国经贸导刊，2018（4）：16-18.

［153］支艳．长江经济带协同立法研究［D］．西南政法大学博士学位论文，2020.

［154］李忠，党丽娟．生态产品价值实现的国际经验与启示［J］．资源导刊，2019（9）：52-53.

［155］赖信强．遂昌金矿矿区生态修复的实践和成效［J］．浙江经济，2019（12）：60-61.

［156］曹恺，何益民．亮丽的旅游风景线——遂昌金矿矿山公园五大特色打造"黄金之旅"［J］．浙江国土资源，2017（7）：54-57.

［157］曹希绅，金兴，程国明．开滦煤矿唐山矿区与遂昌金矿矿山环境治理运作模式比较研究［J］．中国矿业，2018，27（6）：74-79.

［158］陈爽，毛樟悦，周辛．遂昌大花园的美丽与幸福［N］．浙江日报，2019-04-17（11）.

［159］李风，胡盛东，傅志真，毛樟悦，胡志喜，刘建林，龙建华．解锁生态账本［N］．中国国土资源报，2019-11-25（3）.

［160］经济日报编辑部．空心村热闹起来了［N］．经济日报，2020-08-14（1）.

［161］姚晓明，王国荣，朱平阳，赵琳等．浙江省农作物病虫害专业化统防统治实践与发展对策［J］．中国植保导刊，2018，38（3）：81-85.

［162］夏小菲．"两山"理念指引下的乡村振兴路径探究——一个案例的分析［A］．助力乡村振兴，共建美好家园——第二届莫干山会议，2019（9）：358-367.

［163］刘峥延．以生态产品价值转化助推乡村振兴——浙江的经验与启示［J］．中国经贸导刊，2021（21）：53-56.

［164］陶晶．轻度假区开发建设理论与实证［D］．浙江师范大学硕士学

位论文，2018.

[165] 江一. 传统村落的空间秩序与空间生产研究——以浙江省金华市新光村为个案［D］. 浙江师范大学硕士学位论文，2019.

[166] 刘金祥. 乡村振兴中的文化力量［N］. 中国纪检监察报，2018-05-11（7）.

[167] 张媛. 生态资本的界定及衡量：文献综述［J］. 林业经济问题，2016，36（1）：83-88.

[168] 聂苗苗. "两山理论"引领乡村生态振兴研究［D］. 四川外国语大学硕士学位论文，2022.

[169] 王雨欣. 马克思产权理论下中国混合所有制经济改革问题研究［D］. 辽宁师范大学硕士学位论文，2021.

[170] 余峰进. 某污水处理厂水质特征及污染物去除效果研究［D］. 浙江工业大学硕士学位论文，2017.

[171] 黄颖利，张雨，石健. 中国区域生态资本效率测算及创新环境的影响［J］. 统计与决策，2022，38（1）：68-72.

[172] 石健，黄颖利. 东北地区生态资本效率时空差异与影响因素［J］. 应用生态学报，2019，30（10）：3527-3534.

[173] 刘立，刘磊. 构建人与自然生命共同体［N］. 四川日报，2021-06-07（9）.

[174] 中国海洋报编辑部. 乘势而上，再接再厉扎实做好 2018 年重点工作［N］. 中国海洋报，2018-01-22（A4）.

[175] 中国环境报编辑部. 生态资源怎样转化为生态资产？［N］. 中国环境报，2014-08-04（2）.

[176] 习近平. 努力建设人与自然和谐共生的现代化［J］. 先锋，2022（6）：5-8.

[177] 中国质量报编辑部. 丽水青山好产品［N］. 中国质量报，2018-

07-27（A02）.

　　[178] 邹雄智. 鄱阳湖生态经济区生态资本运营策略研究 [J]. 企业经济, 2014（8）：16-19.

　　[179] 李小春. 习近平生态文明思想方法论研究 [D]. 山东大学博士学位论文, 2021.

　　[180] 朱志光, 缪秀生. 遂昌金矿："绿洲中的黄金世界" [J]. 企业家, 2010（1）：12-13.

　　[181] 百度百科. 遂昌金矿国家矿山公园 [EB/OL]. http://baike.baidu.com/view/2978441.html, 2008-04-20.

　　[182] 吕伟民. 点绿成"金"塑样板 [N]. 中国黄金报, 2019-09-13（4）.

　　[183] 朱松琳. 建设乡村民宿, 温度、灵魂、情感一个都不能少 [J]. 决策探索（上）, 2020（5）：14-18.

　　[184] 农村信息报编辑部. 绿色惠农卡, 农民乐呵呵 [N]. 农村信息报, 2017-02-25（A2）.

　　[185] 耿世刚. 基于复合生态系统的低碳城市产业生态体系构建研究 [D]. 燕山大学硕士学位论文, 2019.

　　[186] 郭焕成. 我国休闲农业发展现状与对策研究 [A]. 中国农业资源与区划学会 2009 学术年会论文集, 2009.

　　[187] 郑昊. 价值链创新驱动与企业生态效率提升 [J]. 中外企业家, 2017（22）：20-22.

　　[188] 张竹君. 鄱阳湖地区生态资本及其运营问题研究 [D]. 南昌大学博士学位论文, 2012.

　　[189] 陈建成. 两山理论与乡村振兴——绿色发展引领乡村振兴 [A]. 国家公园与生态文明建设高端论坛论文集, 2018（9）：89-102.

　　[190] 习近平. 努力建设人与自然和谐共生的现代化 [J]. 求是, 2022

（11）：4-9.

［191］曲格平．从"环境库兹涅茨曲线"说起转载［J］．中国环境管理干部学院学报，2006（4）：1-3.

［192］黄丹妮．中国区域生态效率测度及影响因素分析［D］．安徽财经大学博士学位论文，2018.